KB009134

송환,
끝나지 않은 이야기

송환,
끝나지 않은
이야기

© 민병래, 2022

2022년 9월 2일 초판 1쇄 발행
2022년 11월 16일 초판 2쇄 발행

지은이 민병래
펴낸이 류지호 • 상무이사 김상기 • 편집이사 양동민
편집 이상근, 김희중, 곽명진 • 디자인 박은정
제작 김명환 • 마케팅 김대현, 정승채, 이선호 • 관리 윤정안

펴낸 곳 원더박스 (03150) 서울시 종로구 우정국로 45-13, 3층
대표전화 02) 420-3200 • 편집부 02) 420-3300 • 팩시밀리 02) 420-3400
출판등록 제300-2012-129호(2012. 6. 27.)

ISBN 979-11-90136-84-6 (03340)

★ 잘못된 책은 구입하신 서점에서 바꾸어 드립니다.
★ 독자 여러분의 의견과 참여를 기다립니다.
　블로그 blog.naver.com/wonderbox13 • 이메일 wonderbox13@naver.com

한국 사회
마지막 비전향
장기수를 기록하다

민병래 지음

송환,
끝나지 않은
이야기

원더박스

이제는 그들을
돌려보내야 한다

2020년 봄, 나에게 비전향 장기수의 삶을 기록하는 일이 불쑥 다가왔다. 가까운 후배가 폐암을 앓고 계신 강담 선생님의 사연을 들려준 게 계기였다. 그때 나는 알았다. 2000년 6월 김대중 대통령과 김정일 위원장이 "비전향 장기수를 송환한다"라는 합의를 맺었음에도 "강제전향당했다"는 이유로 제외된 분이 많았다는 사실을. 그리고 20년 넘게 '2차 송환'을 요구했으나 노무현부터 문재인까지 모든 정부가 이들의 요구를 외면했으며 이제는 한 분씩 숨을 거둬 남은 이가 고작 10여 명 안팎이라는 사실을.

그때부터 나는 쓰지 않을 수 없었다. 2차 송환을 바라는 목소리를 세상에 전하고 싶었다. 이들의 삶에 담긴 분단의 아픔을 생생하게 드러내고 싶었다. 2020년 5월에 시작해 2022년 8월까지 2차 송환을 희망하는 비전향 장기수 열한 분의 삶을 기록했다. 이 외에도 박정덕, 이두화, 문일승, 최일헌 네 분이 더 있었으나 건강 상태가 안 좋아 대화 자체가 불가능했다. 이 책 『송환, 끝나지 않은 이야기』를 쓰는 동안에도 안타깝게도 강담, 박종린, 김교영, 오기태 네 분이 눈을 감으셨다. 특히 오기태 선생은 2020년 12월 4일 내게 삶을 들려주고 사흘 후에 돌아가셔서 마음이 더욱 무거웠다.

집필 과정은 어려움이 컸다. 대부분 아흔 안팎의 연세여서 당신의 기억이 분명치 않고 남아 있는 자료가 많지 않았다. 또 이들의 삶에는 한국전쟁과 빨치산투쟁, 남북 사이의 대치가 담겨 있기에 그에 관한 폭넓고 정확한 지식이 필요했다. 그걸 감당하기엔 나의 능력이 턱없이 모자랐다. 그럼에도 역사의 작은 증언집을 남긴다는 마음으로 부족함을 무릅썼다. 고맙게도 양심수후원회의 김혜순 회장은 인터뷰 일정을 잡아 주고 원고를 감수하며 격려를 아끼지 않았다.

글을 쓰면서 조각조각 흩어진 자료, 희미한 기억을 하나하나 맞춰 갔다. 빈칸은 건너뛰어야 하지만 공백이 큰 부분은 조금 색칠을 했다. 먹칠이 되지 않았을지 염려된다. 한편 열한 분의 삶이 자칫 뻔한 이야기로 읽힐까 봐 시점이나 화자, 어조를 인물마다 다르게 했다. 가령 김교영, 박종린, 양원진 선생은 구술이 풍부하고 명료했다. 가능하면 그 목소리를 그대로 살리고 싶어서 1인칭 서술 방식을 택했다. 그러다 보니 서술이 때론 '나'의 회고 형식이 되기도 하고 '그'를 주인공으로 하는 이야기가 되기도 하는 등 인물마다 달라져 책의 일관성이 흐트러진 아쉬움이 있다.

열한 분의 삶에서 공통되는 것은 감옥에서 혹독한 '강제전향 고문'을 당했다는 것, 그리고 '1차 송환'에서 제외되었다는 사실이다. 이는 모든 분에게 해당하는 내용이라 개별적으로 중복해서 다루기보단 별도의 해제 글을 뒤에 실었다. '전향 공작'에 관해서는 성공회대학교 민주자료관 정찬대 연구위원이 묵직한 글을 써 주셨고 '1차 송환' 부분은 양심수후원회의 권오헌 전 회장이 '송환의 의의와 경과'에 대해 깊이 있는 글을 보내 주셨다. 폐암으로 투병 중이신데도 쓰신 글이다. 이 책을 읽을 때 두 편의 글을 먼저 읽으면 풍부한 사전 지식을 갖고 각각의 삶을 만날 수 있다. 물론 열한 분의 삶을 하나하나 읽고서 나중에 읽어도 무방하다.

여기 기록된 비전향 장기수는 모두 국방경비법이나 국가보안법 위반으로 20년에서 30년 안팎을 감옥에서 지냈다. 0.75평이라는 발조차 편히 뻗을 수 없는 방, 천정은 높고 온기는 전혀 없어 겨울에는 영하 10도, 아니 20도까지 곤두박질치는 차디찬 마루였다. 세끼 밥은 전구알 크기 정도의 밥덩이에 반찬이라곤 시들어 빠진 장아찌, 멀건 된장국이 전부였다. 오죽하면 생쥐를 잡아먹으며 버텼을 것인가.

이들은 감옥생활도 버거운데 사상전향을 강요받으며 고문까지 당했다. 교도소별로 전향공작반이 만들어져 극악한 고문이 행해졌다. 주먹질과 매타작은 기본이었다. 등을 바늘로 찌르거나, 겨울에 옷을 벗기고 찬물을 끼얹으며 채찍을 휘둘렀다. 그래도 신념을 지키면 물고문과 고춧가루 고문까지 버젓이 행했다.

출소한 이후에도 고통이 따랐다. 사상전향을 하지 않으면 사회안전법에 의해 법관의 판결 없이 징역과 다를 바 없는 보호처분을 받아야 했다. 1989년 사회안전법이 폐지된 이후에는 대체입법인 보안관찰법에 의해 사는 곳을 신고해야 하고 3개월마다 경찰서에 동향보고를 해야 했다. 인간의 기본권, 인간의 자유가 완전히 빼앗긴 삶이었다.

이들이 겪은 오랜 수형생활, 전향 공작을 당하며 겪은 고통, 사회안전법과 보안관찰법에 의한 감시는 너무나 혹독했다. 그들이 공작원이고 빨치산이고 적대 행위를 해서 단죄받아야 한다고 치더라도 이처럼 과중하게 삼중 사중으로 고통받게 한 것은 잘못된 일이었다. 국제법은 전쟁포로라도 인권을 보장할

것을 요구하며, 테러리스트라도 지은 죄만큼만 처벌받는 게 상
례다. 비전향 장기수들에 대한 지난 시절의 처우는 반인권, 반
문명의 범죄행위였다.

게다가 전향 공작에 의해 강제전향을 당했다고 해서 2000
년 9월의 1차 송환에서 배제되었다. 2002년과 2004년 '의문사
진상규명위원회'에서는 강제전향은 고문에 의한 것이고 헌법
에 반하는 것이기에 무효라고 선언했다. 또 강제전향에 맞서다
숨진 장기수를 민주화운동 관련자로 인정하기까지 했다. 그럼
에도 20년 넘게 이들의 송환이 거부되고 있다.

앞서 말했듯 강담, 박종린, 김교영, 오기태 네 분이 송환을
기다리다 눈을 감았고 지난 7월 25일에는 이두화 선생도 눈을
감았다. 양원진 선생은 구순이 넘은 나이에 여러 번 응급실을
드나들며 죽음의 문턱을 오가고 있다. 나머지 분들도 마찬가지
다. 이제 더 늦기 전에 고향에서, 가족의 품에서 눈을 감을 수
있게 '2차 송환'을 즉시 실행하는 게 인도적인 조치이고 정의로
운 행동이다.

이 글의 탈고 작업을 시작했을 때 윤석열 정부가 들어섰다.
우려했던 대로 한미동맹을 신조처럼 읊조리며 반북, 대결 태도
를 거침없이 드러내고 선제타격까지 운운하고 있다. 대규모 병
력을 동원하고 미군의 핵전력까지 전개하는 한미훈련이 부활

했다. 그런가 하면 국가보안법이 다시금 꿈틀거린다.

지난 7월 28일 한국학중앙연구원에서 주체사상을 연구해 박사학위를 받은 정대일 씨가 국가보안법 위반 혐의로 자택과 사무실 압수수색을 당했다. 그는 기독교장로회의 전도사로 '국가종교로서 기능하는 주체사상'을 이해하려 공부했는데 서울경찰청 안보수사대는 그가 평생 모은 연구자료를 빼앗아 갔다. 국가보안법이란 이렇게 작동한다. 누구나 과녁이 될 수 있다. 정부가 원하면 언제든지 자유를 옥죄는 무기로 쓰일 수 있는 것이다.

나 역시 이 글을 쓰면서 걱정이 많았다. 국가보안법에 걸리지 않을까? 정보경찰이나 국정원의 표적이 되지 않을까? 그러다 보니 스스로 낱말 하나하나를 가려 썼다. 문장이 어떻게 읽힐까에 대해서도 적잖이 고민했다. 국가보안법은 이렇게 내 안에 똬리를 틀고 24시간 나를 감시했다. 게다가 우리 사회에 그 어느 때보다도 반북 정서가 넘쳐나니, 나는 내 안의 검열에 저항하기보다는 머리를 조아렸을 뿐이다.

이 땅에서 분단으로 인한 희생은 더 이상 없어야 한다. 국가보안법으로 분단체제를 강화하는 어떤 기도도 용납되어선 안 된다. 한반도의 평화와 번영을 위한 걸음은 멈추지 않아야 한다. 문재인 정부 5년 동안 금강산과 개성공단을 열 수 있는 기회를 허송세월하다 놓쳐 버렸다. 그렇지만 다시 시작해야 한다. 평화와 공동번영, 통일로 가는 가슴 벅찬 그 길에 2차 송환은 작지만 물꼬를 트는 첫걸음이 될 수 있다. 2차 송환은 철조망을 뚫고 탱크와 미사일을 밀어내며 만들어 갈 오솔길이다.

올해가 가기 전 판문점을 통한 '2차 송환'이 이뤄지길 역사는 기다린다.

차례

김영식

내일 죽는다 해도
통일의 사과나무를 심겠다

"전향 취소 선언을 하고 나서야 저는 인간이 되었습니다."

김영식

김영식은 자리에서 일어나 성큼성큼 연단 앞으로 나아갔다. 한 걸음 내디딜 때마다 광주교도소에서 당했던 고문이 또렷이 떠올랐다. 0.75평 방에 열다섯 명이 구겨 넣어져 숨조차 쉬기 힘들었다. 아우성, 울음, 신음… 앉을 수도 없어 선 채로 밤을 지새우던 끔찍한 날들….

"저는 서울에서 대전, 광주를 거쳐 전주교도소까지 26년이나 감방에서 살았습니다. 지난 1988년 가석방으로 출소했습니다."

첫 말을 뗀 김영식의 어깨는 들썩거렸고 소 같은 눈망울은 금방이라도 울음을 쏟아낼 듯 물기가 가득했다.

"이미 국가보안법 위반으로 무기징역을 살고 있는데 다시 전향하라고 고문을 했습니다. 전향공작반은 우리를 발가벗기고 찬물을 끼었었습니다. 거기에 밧줄까지 내리치니 살이 찢어지고 뼈마디가 끊어지는 것처럼 아팠습니다. 광주교도소의 인간 백정인 교무과장 강철형, 교회사 문승호, 간수 정화선과 백철을 잊을 수 없습니다."

이름을 거명하던 김영식은 목이 메어 잠시 말을 멈췄다. 굵은 눈물이 볼을 타고 흘러내렸다.

이날 전주 고백교회에서 열린 '강제전향 양심선언 및 송환 촉구' 기자회견에는 불교계의 수경·경신 스님, 천주교의 문규현·최종수 신부, 원불교의 이재정 교무장, 개신교의 한상렬·김경섭 목사, 천도교의 이두원 선생이 참여했다. 또 장명수 우석대 총장과 이강실 전북연합의장 등 모두 80여 명이 함께 했다. 다들 숨죽이고 김영식의 얘기에 귀를 기울였다.

"그들은 전향하라고 몰아세웠습니다. 저는 제 신념을 끝까지 지키고 싶었습니다. 거부하니 고문대 위에 눕혀 얼굴에 수건을 대고 주전자로 물을 부었습니다. 나중에는 고춧가루까지 섞었습니다. 숨이 막히고 목이 타들어 가 차라리 죽여 달라고 했습니다. 그들은 온몸이 터져 나가는 고통으로 나를 밀어 넣으며 '교무과장 만날래 안 만날래?' 하고 물었습니다. 만나겠다고 하는 순간 전향으로 간주했습니다. 내 손을 끌어다 강제로 도장을 찍었습니다."

김영식의 어깨는 더욱 들썩거렸다. 가슴 깊은 곳에서 올라오는 울음은 차라리 비명이었다. 1962년 공작선 무전사로 내려와 울산 바닷가 야산에서 잡힐 때 뭉게뭉게 피었던 진달래가 눈에 어른거렸다. 원산항을 떠나오던 날 껑충껑충 달려오던 아들 현일이와 딸 경자의 머리카락이 눈앞을 지나갔다.

—— 바다에서 고기 잡던 청년, 남쪽에서 갇히다

김영식은 1953년 인민군에서 제대 후 강원도 이천군 방장면 고향집으로 돌아갔다. 방 한구석에 놓여 있던 『바다는 청년을 부른다』라는 책을 보았을 때 김영식의 마음은 뛰었다. 그는 무작정 원산 도인민위원회를 찾아가 배를 타게 해 달라고 요청했다. 인민위원회는 수산사업소로 가 보길 권했다. 배멀미를 잘 견뎌 내는지가 시험이었는데 김영식은 배 위에서 육지처럼 몸을 놀려 합격했다.

즐겁게 선원 생활을 하던 1959년 어느 날, 노동당 연락부의 지도원이 김영식을 찾아와 통일사업을 해 보자고 제안했다. 자신의 집안 내력과 군대 생활을 주의 깊게 조사한 듯했다. 지도원은 "군사분계선을 넘나드는 위험한 일이다"라며 신중한 결정을 주문했다. 김영식은 일제 시절 아버지가 보국대*에 끌려가 강제 노동을 한 일, 해방 후 이루어졌던 토지개혁 등을 떠올리며 기꺼이 조국을 위해 나서겠다고 뜻을 밝혔다. 그때 김영식은 1953년에 결혼해서 두 아이를 키우며 행복한 시절을 보내고 있었는데 단꿈 같은 생활을 포기할 만큼 열의가 높았다.

----

* 정식 명칭은 근로보국대로 조선인을 노동력으로 강제 동원하기 위해 만든 조직이다. 주로 도로, 철도,비행장 등을 건설하는 데 투입했다.

그는 공작선의 무전수로 몇 차례 분계선을 넘나들다 1962년 3월 29일 울산 해안가에 있는 야산에서 체포되었다. 그날 밤 신선바위에서 접선을 시도하는데 갑자기 조명탄이 터졌다. 타고 있던 고무보트가 뒤집혀 김영식은 장병락, 조창손 등과 함께 물에 빠졌다. 3월의 밤바다는 찼다. 겨우 보트를 바로 세워 죽도록 저었고 땅에 닿자마자 산줄기를 바라보고 뛰었다. 이틀을 굶주리며 산속에서 버텼지만 이미 촘촘한 포위망에 갇힌지라 결국 붙잡히고 말았다.

1964년 무기징역을 선고받은 김영식의 징역 생활은 하루하루가 고통이었다. 방에서 정좌 자세를 조금이라도 풀면 교도관이 구둣발로 무릎을 짓이겼다. 겨울은 특히 힘들었다. 내의도 없이 달랑 관복 하나로 추위를 견뎌야 했다. 담요는 다리도 못 덮을 정도로 짧고 얇았다. 추위를 막으려고 수건을 머리에 쓰면 불려 나가 옷을 벗고 손이 뒤로 묶인 채 찬바람 쌩쌩 부는 계단에 꿇어앉아야 했다. 1970년 대전에서 옮겨 간 광주교도소는 방에 습기가 많아 옷이나 벽에 곰팡이가 많았다. 눅진눅진하고 퀴퀴한 냄새가 방안을 맴돌았다.

하루하루가 힘든 징역 생활인데 1973년에 차원이 다른 시련이 다가왔다. 강제전향 공작이었다. 전향공작반은 김영식에게 편지를 허용하고 운동시간을 늘려 주겠다며 회유를 했다. 어느 날엔 빵과 세숫비누를 가지고 왔다. 또 "출역을 나가게 해

올해 89세가 된 김영식은 2004년 다큐멘터리 영화 〈송환〉에 나오며, 순박한 모습으로 사람들에게 깊은 인상을 남겼다. 강제전향을 이유로 당시 송환되지 못한 김영식은 지금도 언제가 될지 모를 송환을 기다리고 있다.

주겠다"든지 "가석방 심사를 받게 해 주겠다"라며 꼬드겼다. 그들이 원한 건 딱 한 가지, 전향선언이었다.

김영식이 끝내 거부하자 전향공작반과 교도소 내 폭력 전과자 이른바 '떡봉이'는 김영식에게 마구잡이 폭력을 휘둘렀다. 나중에는 집요하게 물고문을 자행했고 결국 김영식은 전향선언서에 도장을 찍고 말았다.

"도장을 찍은 이후 전 인간이 아니었습니다. 수치심에 괴로운 나날을 보냈습니다. 꿋꿋하게 버텨 낸 동지들에게 얼굴을 들 수 없었습니다. 죄책감에 넋이 빠져 살았고 출소해서도 마찬가지였습니다. 언젠가 북으로 돌아갈 그날에 가족을 당당하게 보지 못할 생각을 하니 죽고 싶은 마음이었습니다."

—— 그들이 전향을 수치스러워한 이유

눈물 그렁그렁한 눈으로 김영식은 울부짖듯 말을 이어 갔다. 쩌렁쩌렁한 그의 목소리는 고백교회의 벽까지 뚫고 나갈 기세였다.

김영식은 1973년에 이루어진 전향은 고문에 의한 것이기에 부정한다면 "이제 나도 인간이 되었습니다. 마음속 돌덩이를 이제 내려놓게 되었습니다. 이 전향무효 선언으로 박해를 받더라도 각오하고 맞서겠습니다"라고 맺음말을 했다.

김영식이 2000년 11월 18일에 양심선언을 한 것은 2000년 9월 2일의 1차 송환에서 탈락한 게 중요한 계기였다. 2000년 6·15 남북정상회담에서 김대중 대통령과 김정일 위원장은 인도적 차원에서 '비전향 장기수의 송환'을 합의했고 이에 따라 그해 9월 2일 63명이 1차로 송환되었다.

그런데 당시 실무를 맡았던 통일부는 송환 대상의 기준으로 '비전향'을 내세웠다. 전향하지 않은 이들만 북으로 송환될 수 있다는 것이었다. 수많은 장기수와 인권단체, 통일운동 관련 단체가 당시의 '전향'이란, 고문에 의한 강제전향이라고 항변하며 "희망자 전원 송환"을 요구했지만 통일부는 요지부동이었다.

결국 김영식은 1차 송환에 끼지 못했다. 한양대에서 열린 환송회에서 장기수들이 감사 인사를 하는 모습을 김영식은 연단 아래에서 지켜봐야만 했다. 김영식은 2000년 9월 2일, 공작선을 같이 탔던 조창손과 장병락이 북쪽으로 떠나는 것에 박수를 보내면서도 한스러웠다. 자신도 오겠거니 기다릴 아내와 아이들을 생각하면 가슴이 터질 듯했다. 다시 치떨리는 분노가 솟았다. "내가 원해서 도장을 찍은 게 아닌데… 내가 원해서 전향을 한 게 아닌데…."

고문에 의해 이루어진 강제전향은 김영식을 비롯한 여러

사람에게 큰 상처를 남겼다. 자신의 신념을 저버렸다는 부끄러움, '사상의 순결함'을 지키지 못했다는 자괴감에 그들은 감옥안에서는 말할 것도 없고 출소해서도 마음이 편치 못했다. 게다가 장기수 사이에서 "고문에 의한 것이건 아니건 어쨌든 전향을 한 것 아니냐"는 쪽과 "사상 탄압으로 빚어진 일인데 어찌 이를 인정할 수 있느냐"는 쪽으로 나뉘기도 하여 이래저래 괴로울 뿐이었다.

다행히 국가기관인 의문사진상규명위원회에서 2002년과 2004년 두 차례에 걸쳐 "강제전향은 위헌적인 사상전향제도에서 비롯된 국가의 위법 행동이기에 강제전향은 전향이 아니다"는 결정을 내려, 이들의 응어리진 마음에 다소나마 위로가 되었다.

김영식 이전에도 용기를 내어 정순택과 유연철이 전향무효 선언을 했었다. 1999년 4월 23일자 《한겨레》의 광고면을 통해서였는데 기자회견 같은 공개행사를 열어 밝힌 경우는 김영식이 처음이었다.

김영식의 선언에 힘입어 2001년 2월 6일 서울 향린교회에서 비전향 장기수 32명이 모여 '장기구금 양심수 전향무효 선언과 북녘 고향으로의 송환 촉구 기자회견'을 열었다. 이들은 대부분 송환 신청서를 썼지만 전향자로 분류돼 탈락했거나 출소 후 혼자 살면서 송환 신청 자체를 할 수 없었던 사람들이다.

또 남쪽에서 결혼해 가정을 꾸렸기에 당시엔 가족을 두고 떠날 수가 없었던 경우도 있었다.

이날 선언을 했던 이들의 복역기간을 보면 30~35년이 5명, 20~29년이 17명, 20년 이하가 11명으로 3분의 2 이상이 20년 이상을 복역한 사람들이다. 이들의 요구는 2005년 정동영 통일 부장관 시절에 이루어질 듯했으나 그해 12월 정동영이 장관직을 사임하면서 없던 일이 되고 말았다. 그 후 20년이 넘게 흘렀지만 2차 송환은 기미조차 없는 상황이다.

—— 정처 없이 떠도는 고단한 인생이지만

1988년 12월에 출소한 이후 김영식의 생활은 고달팠다. 감옥문을 나올 때는 으리으리했다. 김남주 같은 쟁쟁한 인사들과 함께 나왔기 때문이다. 김영식은 이날 은근하게 배때미(배 터지게 먹는다는 말로 김영식의 고향 속어)를 기대했다. 웬걸! 감옥문을 나서자마자 대기하고 있던 경찰은 동의도 구하지 않고 영장도 없이 김영식을 완주군 구이면 대덕리로 데려갔다. 그곳은 머리빗을 만드는 공장이었다. 그들은 구금하듯 김영식을 공장으로 밀어 넣었다. 그라인드가 '크아앙' 소리를 내며 재료를 잘라 냈고 온갖 먼지가 휘날렸다. 아침부터 밤늦게까지 일을 하는데 식사도 월급도 신통치 않았다. 차라리 교도소가 더 낫다는 생각이 들 정도였다.

그때 원암수양관에서 노숙인 쉼터 같은 곳을 운영하는 옛 동지 백영규가 소식을 듣고 김영식을 찾아와 같이 살자고 했다. 김영식은 어딘들 머리빗 공장보다 못하겠나 생각하고 따라나섰다. 수양관에서 장애인을 돌보며 지냈는데, 마침 수양관을 드나들던 목수 한 사람이 "멀쩡한 사람이 나가서 돈을 벌어야 하지 않냐"면서 진안군 마이산 근처 신천 부락에 있는 돌 공장을 알려 줬다.

김영식은 그곳을 찾아갔다. 채석장에서 실어 온 돌을 망치로 깨고 분쇄기에 집어넣어 돌가루를 만드는 공장이었다. 이곳도 머리빗 공장처럼 하루 종일 돌가루가 연기처럼 날렸다. 월급 역시 몇 푼 안 되는데 일은 빗 공장보다 더 고되었다. 이때의 고통을 김영식은 1989년 12월 4일 일기에 남겼다.

> "짧은 시간도 살기가 아득한 시간 망치는 돌을 때리고
> 돌은 나의 다리와 온몸을 사정 없이 때리는구나
> 몸은 물에 빠진 것 같이 흠뻑 젖었다 말랐다 몇 번이던가
> 돌가루는 연기와 같이 온몸을 휘감고 도는구나
> 이렇게 돌과 싸워야 생활 수단을 구할 수 있구나"

그때 무기징역을 선고받고 복역하다가 제일 나중에 출소한 김중종이 찾아왔다. 그는 자기가 머물고 있는 수양관으로 들어가 살자고 했다. 무슨 힘이 있는지 몰라도 수양관 직원이 될 수도 있다고 말했다. 김영식은 그를 따라갔고 거기서 소개받은 여자와 잠시 살림도 차렸다.

　　평화로울 것 같던 수양관 생활은 뜻밖의 사건으로 깨졌다. 김영식은 화단에 여러 꽃과 화초를 심었는데 이승만 밑에서 일했던 수양관 직원 하나가 김영식이 화단에 인민공화국 상징을 만들었다고 시비를 걸며 장작개비를 휘둘렀다. 할 수 없이 그는 도망치듯 나와 여기저기 건설 현장을 돌아다녔다. 집도 없어서 현장 막사에서 자거나 아니면 아무데서나 스티로폼을 깔고 한뎃잠을 잤다.

　　김영식이 출소할 당시만 해도 사회안전법이 있어서 한 달에 한 번 전주경찰서에 동향보고를 해야 했다. 김영식은 전화도 없고 전주경찰서 전화번호도 모르고 보고할 마음도 없어 무시하고 살아갔는데 김중종이 어떻게 알고 찾아왔다. 김영식의 연락이 두절되자 전주지방검찰청에서 수배령을 내리며 김중종에게 "김영식을 찾아와라, 못 찾으면 네게 책임을 묻겠다"며 들들 볶았다는 것이다.

　　그날로 김영식은 동향보고를 하러 전주경찰서에 갔다. 자진 출두한 김영식에게 전주경찰서 형사는 "김영식이 말이야 옳

겨 가면 연락을 해야지 이게 뭐야” 하며 발길로 툭툭 찼다. 그리고 경찰은 자기네끼리 의논하더니 지역의 한 건설업체 대표에게 “이 사람 일도 시키면서 관리하라”며 김영식을 감금하다시피 맡겼다.

김영식은 거기서 3년간 일을 했다. 그의 말대로 “이를 악물고 고생하면서”. 그런데 3년간 입에 풀칠만 시키고 월급 한 푼 주지 않았다. 김영식이 밀린 임금을 달라고 대들자 부도가 나서 돈이 없다고 발뺌을 했다. 김영식은 전주경찰서를 찾아가 해결을 요구했다. 전주경찰서는 김영식을 떠맡겼으면서도 문제가 생기니 자기네는 ‘재정’에 대해선 관계를 안 한다고 딴전을 피웠다. 한 달에 3,40만 원 정도를 받기로 하고 일을 했는데 3년치나 못 받았으니 큰돈이었다. 김영식은 변호사를 사서 겨우 일부를 받아 냈다.

그 후 김영식이 찾아간 곳은 교도소에서 알게 된 서지영이 있던 산장이었다. 거기서 밭을 일궈 옥수수와 고추를 심었는데 동네 할머니 하나가 김영식을 얕잡아보고 허락도 없이 다 따가 버렸다. 이게 주민들과 싸우는 빌미가 되어 김영식은 그곳에서도 쫓겨났다. 다음으로 간 곳이 비닐공장, 그리고 또 다른 공장들….

김영식은 출소 후 몸 고생 못지않게 돈 고생도 했다. 10여 년간 어찌어찌 모은 2000여만 원을 높은 이자를 쳐준다는 보험

회사에 맡겼다. 그런데 전주에서 같이 고생하던 옛 동지가 돈이 필요하다고 찾아왔다. 김영식은 돈이 보험회사에 묶여 있어 찾기 쉽지 않다, 그게 되면 빌려주겠다고 했다. 옛 동지는 보험회사에 가서 드러눕다시피 싸워서 김영식의 돈을 찾아 빌려 갔다. 문제는 그 후, 이자는 말할 것도 없고 원금을 돌려주지 않아 얼굴 붉히는 일이 벌어졌다. 나중에야 원금 일부를 돌려받았을 뿐이다. 김영식은 "여자한테 눈길 한 번 안 주고" 착실하게 돈을 모았는데 무일푼 신세가 되었다.

그 후에도 보험에 들었다가 형편이 어려워 깨면서 180만 원이나 넣은 원금을 40만 원밖에 못 받기도 했다. 전주 팔복동에 사는 아줌마 하나도 돈을 빌려 갔는데 다음 주, 다음 달 하면서 2년간 이자도 한 푼 안 주더니 결국 다 떼먹고 말았다.

—— 낙성대에서 통일의 사과나무를 심다

이런 고단한 삶에 안정과 평화가 찾아온 것은, 서울 낙성대 '만남의 집'에서 거주하던 장기수들이 1차 송환 때 북으로 가고 나서였다. 만남의 집 공간에 여유가 생기자 권오헌 양심수후원회 회장은 김영식에게 전주 생활을 정리하고 만남의 집으로 올라올 것을 권유했다. 김영식은 늙은 몸으로 공사판을 계속 떠돌

수도 없고 서울에서 2차 송환을 준비하는 게 좋을 것 같아 제안을 받아들였다.

낙성대에서 같이 생활하게 된 이는 정순덕, 정순택, 문상봉 등이었다. 정순덕은 마지막 빨치산으로 유명한 여전사였고, 1921년생 정순택은 팔순이 넘은 큰형님 같은 분이었고, 문상봉은 공작선을 타고 내려왔던 장기수였다.

김영식은 낙성대 만남의 집에서 마당에 나무를 심고 화초를 키웠다. 그가 나서부터 보고 배운 것이 심고 가꾸고 수확하는 일이다. 김영식에게 어린 시절 농사는 아픔이었다. 10대의 어린 소년으로 보국대에 끌려간 아버지의 빈자리를 메꿔야 했다. 엄마가 혼자 고생하게 놔둘 수 없었다. 추수가 끝나고도 손을 놀릴 수 없어 산에서 땔감을 해 장터로 지고 나갔다. 몇 날 며칠을 힘들여 모은 땔감을 갖고 가면 장꾼들은 서로 입을 맞춰 헐값만 불렀다. 그때 김영식은 세상이 농사꾼을 호구로 보는구나 하는 생각을 했다. 그래서 제대 후 원산에 나가 배를 탔지만 농사일은 어린 시절부터 몸에 배어 있었다.

낙성대 만남의 집에서 숙식이 해결되니 몸에 익은 습관대로 김영식은 만남의 집을 가꾸는 데 정성을 쏟았다. 양심수후원회 회장이었던 안병길 목사의 농장이 경기도 시흥에 있었는데, 김영식은 거기서 가을배추를 심다가 처음으로 빨간 나팔꽃을 보았다. 만남의 집에 어울릴 것 같아 그 씨를 가져다 심었다. 그는 매일 나팔꽃을 들여다보고 볏짚으로 끈을 꼬아서 줄을 매주고 돌봤다. 나팔꽃의 덩굴은 쭉쭉 뻗어 올라갔다. 그걸 지켜보는 게 기쁨이었다. 그는 "식물에도 눈이 있는지 꽃줄기가 여러 개인데 전부 다 시계 방향으로 감아 올라간다"고 일기에 적었다.

김영식은 유실수도 심었다. 그가 낙성대에 왔을 때 마당에는 이미 앵두나무와 모과나무가 있었다. 그리고 담장을 따라 철쭉, 진달래, 단풍나무, 고욤나무가 있었다. 그는 고욤나무에 감을 접붙여 열매를 거뒀다. 2006년, 한겨레신문사에서 북에 사과나무 묘목 보내기 운동을 할 때 그는 전북 장수의 한 사과나무농장에서 5만 원짜리 묘목을 사 '김영식'이란 이름표를 달아 동참했다. 그리고 거기서 버려진 묘목 여러 주를 낙성대로 가져와 '통일나무'라고 이름 짓고 심었다. 그때 쓴 시가 한 편 있다.

> 서울에서 장수로 왔다. 사과나무 만나러
> 사과나무야 네가 평양으로 간다지
> 가면 무럭무럭 자라 북 어린이들 건강 보장하려무나
> 남에서 북으로 간 사과나무가
> 북 어린이 도와 평화의 마음이 솟아나게끔 하려나
> 남북 어린이 화합에 외세가 분단시킨 조국을 하나 되게
> 끔 하려무나

통일 사과여 조국 통일이 빨리 오게끔 더 많이 열리기
를 바란다

이제 열여섯 살 먹은 통일나무에는 가을에 제법 많은 열매
가 열린다. 김영식은 또 고무 함지에 관상용 벼를 심고 포도를
잘 키워 여름에는 울창한 숲이 될 정도로 만남의 집을 가꿨다.
양심수후원회 사무국장이었던 류제춘은 "만남의 집 텃밭은 통
일 세상을 그리는 마당이며 봄·여름·가을·겨울을 잇는 작은 우
주다. 선생님은 우주를 가꾸는 멋진 사람이다"라고 말하기도
했다.

그로 인해 낙성대는 자그마한 농장이며 화원이었다. 봄에
는 꽃이 가득하고, 여름에는 푸르름에 눈이 즐겁고, 가을에는
과실을 거두고, 겨울에는 소출로 먹을거리를 만든다. 쌀을 튀겨
한과를 만들고 마당에서 딴 감으로 곶감을 치고 동치미도 담근
다. 김영식은 이런 음식을 싸 들고 여기저기 농성장을 찾아가
크고 투박한 손으로 사람들에게 건넸다.

—— 지하철 '몸벽보' 할아버지의 사연

김영식은 만남의 집을 나설 때 꼭 몸벽보를 두른다. 탑골공원

에서 목요일마다 민주화실천가족운동협의회(민가협) 주최로 열리던 집회에 참석할 때 그는 싸움터에 나가는 전사가 갑옷을 두르는 심정으로 몸벽보를 걸쳤다. 몸벽보에는 "우리의 소원은 통일", "국가보안법 철폐", "미군 철수", "후손에게 통일된 조국을 물려주자" 등의 문구를 담았다.

몸벽보 투쟁의 원조는 낙성대에 있던 정순택이었다. 그는 1차 송환에서 아무런 이유 없이 제외된 후 그 울분을 몸벽보 투쟁으로 풀었다. 서울에서 제주까지 가는 곳마다 반드시 몸벽보를 둘렀다. 그가 2005년 9월 세상을 뜨자 김영식은 이 투쟁을 이어받았다.

지하철에서 몸벽보를 두르고 짧은 연설과 구호를 외치다가 김영식은 여러 봉변을 당했다. 특히 노인과 충돌이 많았다. "저 이북 놈 같으니라고!" 손가락질당하고 주먹질에 얼굴을 맞기도 했다. 그뿐 아니었다. 승객이 신고해 역무원한테 끌려가기도 하고, 과태료 처분도 받았다. 지하철 4호선에서는 30대 승객이 김영식에게 시비를 걸며 팔을 꺾은 일도 있다. 그날은 중부경찰서로 연행되어 조사까지 받았다.

김영식이 이런 고생을 겪으면서도 몸벽보 투쟁에 나서는 이유는 그것이 조국의 통일을 위해 자신이 이바지할 수 있는 유일한 방법이라고 믿기 때문이다. 그렇기에 자신을 안 좋게 보는 시선에도 굴하지 않고 어디서건 남북화해와 교류를 외쳤다.

좋은 추억도 있다. 지하철 한 칸 한 칸 옮겨 가며 선전을 하다 보면 입이 갈라지고 목마를 때가 많은데 김영식을 지켜보다 '수고한다'고 음료수를 내미는 사람도 있다. 어떤 젊은이는 김영식에게 너무나 멋진 일을 한다면서 안아 보겠다고 해 서로 껴안은 적도 있었다.

웃지 못할 에피소드도 있다. 어느 날인가 김영식이 탑골공원에서 열린 집회에 참석하고 신도림역에서 2호선으로 갈아타는데 어떤 여인이 길을 몰라 김영식이 안내해 주었다. 그는 김영식의 어깨띠를 보고 "이거 하면 하루 얼마 받냐? 우리 아들이 놀고 있어서 그런다, 좀 알려 달라"고 했다. 김영식은 빙그레 웃으며 여인을 돌려세웠다. 때로는 지하철 상인들과 같은 칸에서 만날 때가 있다. 보통 그쪽에서 김영식에게 다른 칸으로 옮겨 달라고 양해를 구하는데 그는 선선히 그 청을 받아들인다.

몸벽보 투쟁을 하면서도 그는 평가와 반성을 충실히 했다. 함께 몸벽보 투쟁을 했던 최동진과 의논하기를 '감정을 너무 앞세우지 않는다', '차 안에 사람이 많으면 유인물만 나누어 준다', '시비를 거는 사람이 있으면 피한다'라는 원칙도 세웠다.

김영식은 2016년 촛불혁명 때는 광화문에서 살다시피 했다. 코로나가 시작된 2020년부터 주춤했지만 지금까지 김영식의 투쟁은 쉼 없이 이어졌다. 그는 몸벽보 투쟁만 하는 게 아니었다. 미 대사관 앞에서 '북미 간의 평화협정체결'을 외치고, 통일부 앞에서 '2차 송환'을 즉각 실시하라고 1인 시위를 벌였다.

—— 마지막 꿈은 고향에 가 밤 농사를 짓는 것

1933년생 김영식, 이제 그의 나이도 아흔을 바라본다. 다행히 남쪽에서 결연을 맺은 양아들과 손주격인 아이 둘이 있다. 그들의 따뜻한 보살핌, 낙성대 만남의 집이 지닌 온기 덕분에 건강을 유지하고 지금에 이르렀다.

이제 바람은 오직 하나, 남북관계가 빨리 호전되어 고향에 가는 것뿐이다. 김영식은 2019년 이산가족상봉 대상 명단에 오른 적이 있었다. 적십자사에서 "상봉단 일원으로 선정되었으니 신청서를 내라"는 연락을 받았다. 잠시라도 얼굴을 본다면 더할 나위 없으리라는 기쁨에 밤잠을 설쳤다. 그런데 적십자사는 실무접촉 결과 "가족생사 확인불가"로 방문자 명단에서 제외된다고 통고를 해 왔다.

김영식은 자신이 공작원이기에 북측에서 자신의 가족을 특별관리했을 터인데 생사 확인이 안 될 리 없다고 적십자사에 항의했으나 결과는 달라지지 않았다.

김영식은 마음이 무너져 내렸다. 그때 건강도 많이 나빠졌다. 지금은 마음을 추슬러 남쪽에서 조금이라도 더 통일운동을 펼치다가 판문점을 통해 북으로 올라가겠다는 생각이다. 민족을 위해 희생을 각오한 터이니 주어진 시간 동안 조금이라도 더 통일의 기운을 만드는 일에 노력하겠다는 다짐이다.

살아서 북에 올라가게 되면 김영식은 조그만 밤 농장을 일구려 한다. 그는 즐겨 원산에서 선원 생활을 했던 때를 회상한다.

"아니 무슨 바다 밑에 고기가 그렇게 많아, 명태를 잡는데 저만치 바다에서 하얀 달이 떠오르는 것 같아. 그물에 명태가 가득 차서 저절로 떠오르더라고, 끌어당겨서 한 세 번만 실으면 배가 잔뜩 차 쟁일 데가 없어. 고기 무게에 배가 내려앉아 뱃전에 물이 찰랑찰랑거릴 정도야. 어떤 배는 욕심 사납게 싣고 오다 큰바람에 가라앉고 말았지. 명태만이 아니야. 가자미, 청어, 한 길도 넘는 다랑어도 잡았지."

하지만 이젠 배를 타기엔 나이가 너무 들어서 밤 농사를 하겠다는 마음이다. 밤 농사를 잘해 북녘 가족에겐 물론이고 남쪽 동포, 낙성대 식구들, 통일운동하는 젊은 청년들, 그리고 양아들과 손주에게 가을마다 밤을 보내는 게 꿈이라고 말한다. 그날이 언제가 될지, 과연 오기나 할지 모르겠지만.

못다 한 이야기

• 김영식 선생은 2004년에 개봉한 다큐멘터리 〈송환〉에 출연했다. 비전향 장기수를 다룬 이 작품은 푸른영상의 김동원 감독이 만들었는데 2003년 독립영화제에서 대상을, 2004년에는 선댄스영화제에서 '표현의 자유' 상을 받았다.

• 김동원 감독은 2000년 9월의 '1차 송환' 22주년을 기념하는 작품 〈2차 송환〉을 제작했는데 여기에 김동원 감독이 20년간 기록한 김영식 선생의 모습이 나온다. 이 작품은 2022년 9월에 개봉할 예정이다.

양희철

삼백 마리의
생쥐를 잡아먹고
지켜 낸 사상의 자유

"남도 북도
나의 조국입니다."

양희철

1934년생인 양희철, 89세인 그는 올해 꼭 북녘땅을 밟으려 한다. 2차 송환을 바라는, 이제는 열 명도 채 안 되는 장기수의 손을 잡고 판문점을 거쳐서 올라가려 한다. 가서 106세가 되셨을 순길 형님을, 돌아가셨다면 조카들이라도 만나고 싶다. 2000년 9월 1차 송환 때 북으로 먼저 간 63명의 동지를 만나 부둥켜안고 싶다. 또 남녘 동포의 따뜻한 인사를 북녘땅 여기저기에 전하고 싶다.

2000년 6월 15일, 김대중 대통령과 김정일 위원장은 남북 정상회담에서 이산가족상봉과 함께 인민군으로 포로가 되거나 공작원으로 내려와 붙잡혀 장기복역하고 출소한 이들을 인도적 차원에서 북으로 돌려보내기로 합의했다. 통일부는 후속 조치로 (고문과 폭력을 동원해 강제로 전향을 시켰다는 걸 인정하지 않고) 비전향자만 송환을 신청할 수 있으며 본인에 한한다는 기준을 제시했다.

양희철은 전주교도소와 광주교도소에서 거듭 가해진 강제 전향 공작을 이겨 내고 비전향자로 분류됐기에 신청이 가능했지만 스스로 포기했다. 당시 그는 1999년 출소해서 막 가정을 꾸린 상태, 아내와 헤어질 수는 없었다. 지금은 딸이 성인이 되었고 아내는 북으로 가겠다는 남편의 뜻을 받아들였다. 2022년이 가기 전 양희철의 바람은 이뤄질 수 있을까?

── 통일 조국을 꿈꾸며 북으로 간 대학생

1965년, 양희철이 무기징역을 선고받고 호송차에 올랐을 때 경비교도대가 막아선 사이로 양희철의 형수가 경중대며 얼굴을 내보였다. 양희철은 순간 눈시울이 뜨거워졌다. 아마도 늙으신 어머니를 대신해 어제 장수에서 올라와 면회를 신청했을 것이고 '면회금지'라는 말에 구치소 담장 밑을 서성거리셨을 터인데 지난밤은 어디서 보내셨을까?

　중앙정보부는 학생들 앞에서 10분만 반공反共 강연을 하면 곧바로 석방해 주겠다고 제안했었다. 형수가 삶은 달걀 하나를 손끝으로 내밀면서 호송차로 다가오려 애쓰는 모습에 어머니의 얼굴이 포개지는 듯해 양희철의 눈가에는 이슬이 맺혔다.

　양희철이 평양으로 가게 된 건 1961년 3월, 막 단국대에 들어갔을 때였다. 휘문중학교를 중퇴한 그는 독학으로 1956년 고려대 상과대학에 입학했다. 재학 중에 헌병대에서 군 복무를 마친 그는 사범대학이 아니어도 학점만 따면 교원 자격이 부여되는 과정이 단국대에 개설되었기에 그리로 편입을 했다.

당시 대학가에는 통일의 열기가 넘쳐 났다. 4·19혁명 이후 대학생들은 열정적으로 통일 방안을 논의했고 남북학생회담을 제안했다. "가자 북으로, 오라 남으로"라는 구호가 캠퍼스에 가득했다. 새 학기 초 양희철도 그 세례를 흠씬 받고 있을 때, 열여덟 살이나 많아 아버지 같았던 큰형님 양순길이 돌연 나타났다. 1950년 9월 15일 맥아더의 인천 상륙 이후 헤어졌던 형이다. 양희철은 한국전쟁 전 휘문중학교를 다닐 때 돈암동에서 형님과 자취를 했다. 해방 전에는 와세다대학을 다니며 항일운동에 가담했던 형은 어린 동생에게 자세한 이야기는 안 했지만 해방 후 남로당 서울시당에서 활동했었다.

그런 형이 10년 만에 찾아와 "일본에서 직장생활을 한다"며 그간의 세월을 얼버무리고 이런저런 연락을 부탁했다. 양희철은 형이 북에서 내려온 것을 직감하고 "나를 평양으로 데려가 달라, 내 눈으로 직접 보고 남쪽 대학생의 얘기를 전하고 싶다"며 형의 말을 무지르고 들어갔다.

형은 계속 일본 얘기를 했지만 양희철은 "내 뜻대로 안 되면 차라리 신고하렵니다" 하면서 고집을 부렸다. 결국 형은 양희철의 뜻을 받아들여 형제는 충남 서산 바닷가에서 공작선을 타고 해주 용남포로 향했다.

해주를 거쳐 평양으로 들어간 양희철은 따뜻한 환영을 받았다. 평양 외곽의 통일대학에 청강생으로 들어가 임춘추 총장의 배려 속에 유물변증법과 정치경제학, 특수과목으로 정세분석을 배웠다. 주말에는 노동당의 지도원과 함께 신의주와 회령 등 전국을 돌며 전후 복구현장을 둘러보았다. 기업소나 협동조합에 마련된 잠자리에서 북녘의 청년들과 밤새 이야기를 나누며 새 나라 건설에 대한 그들의 열정을 흠씬 느꼈다. '남과 북의 청년이 만나면 분단이라는 장벽이 솜사탕처럼 녹을 거야, 통일 조국은 멀지 않았어.' 그렇게 양희철의 마음은 부풀어 올랐다.

그런데 1961년 5월 17일 아침 노동당의 과장과 지도원이 양희철의 기숙사 방으로 들어와 5·16쿠데타 소식을 전했다. 양희철은 남쪽으로 내려가 상황을 직접 확인하고 싶다고 말했다. 당의 과장은 고개를 저었지만 그는 북에 올라올 때처럼 고집을 부렸다. "내려가서 친구들의 안전도 확인하고 여기서 만난 북쪽 청년과 대학생의 모습을 전하겠습니다" 하며 물러서지 않았다.

그해 7월 그는 "동무를 위해 체코 유학을 준비하고 있으니 거기에 전념하라"는 과장의 말을 뒤로 하고 난수표 책을 챙겨서 서천 바닷가로 내려왔다. 그날 여름밤 장대비가 채찍처럼 퍼부었고 어둠은 작은 공작선을 암초로 인도할 것처럼 짙었다. 3개월만 남쪽에 있다가 다시 올라가면 동유럽으로 떠나겠다고 작정했기에 평안북도 강계에서 근무 중이던 순길 형에게 인사도 안 하고 내려왔다.

양희철은 서울에 와 고려대와 단국대를 찾았다. 반공을 앞세운 5·16쿠데타 이후에 분위기는 확실히 얼어붙어 있었다. 그는 조심스레 평양 방문 이야기를 꺼내며 '남북 대학생이 힘을 합하자, 청년이 다시 일어서야 한다'며 서울대와 단국대, 신촌을 부지런히 오갔다. 계획했던 3개월을 훌쩍 넘겨 2년이 가까워질 무렵 믿었던 동료 학생이 방첩대에 양희철을 신고했다. 양희철은 1963년 4월 12일 체포되었고 1심에서 '고려대 지하당 사건'이란 이름으로 기소되어 7년을 선고받았다. 2심에서는 그가 평양에 다녀온 사실에 초점을 맞춰 '양희철 간첩 사건'으로 공소장이 변경되어 무기징역을 선고받았다.

—— 쥐 잡아먹으며 버틴 징역 37년

1965년 3월 16일 대법원에서 무기징역을 최종 확정받고 서울구치소에서 대전교도소로 옮겨갔을 때 양희철의 나이는 서른. 여전히 쇠도 씹어 먹을 나인데 간에 기별도 안 가는 적은 밥에 그의 몸은 오그라들었다. 장기수에게 징역은 배고픔과 싸우는 것이었다. 비전향 장기수들은 교도소의 누진 계급 규정에서 급외인 D급으로 분류되어 한 주먹도 안 되는 밥을 받았다. 허기진 상태에서 떠먹는 한 줌 음식은 위를 헤집어 놓아 더욱 고통스러웠다. 먹고 싶은 욕망이 온몸을 칭칭 감아 하루하루가 숨막혔다.

하루 20분간 주어지는 운동시간, 양희철은 부채 모양으로 펼쳐져 있는 대전교도소의 조그만 운동장에서 땅만 보고 걸었다. 봄철에 비 온 다음 날이면 담장 밑으로 봉긋봉긋 풀들이 올라왔다. 클로버와 쑥은 물론 독성이 있다는 여뀌까지 모아 손바닥이 퍼렇도록 짓이겼다. 그리고 털어 넣으면 알싸하게 목구멍을 넘어가 허기진 속을 달래 주었다.

풀이 동나면 양희철은 하늘을 바라봤다. 깨금발로 안 되면 제자리 뜀으로 솔잎과 고욤나무, 감나무의 잎을 땄다. 그렇게 대전교도소 1년 만에 양희철은 교도소 내 모든 나뭇잎과 풀잎을 맛봤다.

광주교도소 시절인 1975년도부터 양희철은 식물 채집을 넘어 고기 사냥에 나섰다. 당시 그는 전향공작반에게 당한 고문으로 몸이 망가진 상태였다. 영양 부족까지 겹쳐 손발톱은 누렇게 변했고 장딴지는 푸르딩딩 부어올랐으며 어지럼증까지 있었다.

늦가을로 접어들던 어느 날, 양희철은 밥풀 몇 알로 쥐 한 마리를 방으로 유인했다. 몇 번을 망설이던 쥐가 마침내 사방 문짝 밑에 달린 배식 구멍으로 들어왔을 때 그는 녀석을 구석으로 몰았다. 쥐는 찍찍거리며 빠져나갈 틈새를 엿봤지만 양희철은 앞발로 쿵 디디며 빗자루를 내리쳤고 쥐는 널브러졌다.

그는 방안의 변소로 가서 통조림 뚜껑을 칼 삼아 머리부터 쥐 껍질을 벗겨 냈다. 발목에 이르니 잿빛 가죽이 쏙 벗겨졌다. 배를 갈라 피와 내장을 빼내고 꼬리를 자른 다음 양희철은 머리부터 씹어 먹었다. 불그스레한 살점은 고소하고 찰졌다. 핏물을 손바닥으로 훔쳐 가며 발목까지 오독오독 씹었다. 가물대던 눈이 번쩍 뜨이고 장딴지엔 근육이 불끈 솟았다. 아, 얼마 만에 먹어 보는 고기 조각인가?

광주교도소 5029번 양희철은 그날부터 쥐 사냥 선수가 되었다. 그는 동료 장기수에게 삼백 마리 넘게 잡아먹었다고 너스레를 떨었다. 광주교도소 내 그득했던 들고양이가 먹을 게 없어 다른 교도소로 옮겨 갔다는 이야기가 돌 정도였다.

—— '생똥'을 지리면서도 버텨 낸 전향 공작

장기수에게 징역의 고통은 배고픔만이 아니었다. 박정희 정권은 좌익사범을 수십 년 혹은 무기징역으로 가두어 놓으면서 내면의 양심까지 탄압했다. 1973년 11월에 이어 1974년 8월에 행해진 광주교도소의 전향 공작은 잔인했다. 광주교도소엔 비명 소리가 끊이지 않았다.

"이 새끼 묶어. 그냥 손도장만 찍으면 된다는데 말귀를 못 알아듣네."

전향공작반 반장의 말이 떨어지자마자 달려든 세 명은 양희철의 몸통을 포승줄로 감고 의자에 묶었다. 백열전구만 밝힌 지하실엔 곰팡이가 덕지덕지 앉았고 바닥에 고인 물구덩이에서 시큼한 냄새가 풍겼다. 반장은 양동이 물에 적신 밧줄로 양희철을 내리쳤다. 손가락 굵기의 동아줄은 허벅지와 장딴지의 살을 파고들었다.

네가 끝까지 버티나 보자 하는 악다구니, 촤아악 밧줄 감기는 소리, 차라리 죽여라 하는 양희철의 비명이 지하실의 축축함을 단번에 날려 버렸다. 1시간이나 지났을까. "이 새끼 똥 싼 것 같은데요." 뒤에서 쪼그려 앉아 의자를 잡고 있던 공작반원이 코를 움켜쥐었다. 반장은 동아줄을 물구덩이에 던지며 "방에 처넣어" 하고 소리쳤다.

1972년 유신체제가 만들어지고 반공을 국시로 이데올로기 전쟁에 나선 박정희 정권은 감옥 안의 장기수를 '방치'할 수 없었다. 더더욱 한국전쟁 이후 20년 정도 징역 선고를 받은 비전향 장기수의 출소 시점이 임박했던 터라 정권은 체계적인 전향공작 계획을 세웠다. 당시 장기수가 있는 감옥에는 중앙정보부는 물론 보안사, 치안본부 대공국의 담당관이 배정되어 있었다. 중앙정보부가 '조정권'을 갖고 대공심리전국이 주도하여 광주, 전주, 대전, 대구 등 교도소별로 전향공작반을 만들었다.

네 군데 교도소의 고문 방법은 실로 다양했다. 웃통을 벗겨 바닥에 눕힌 다음 바늘로 등짝을 마구 찌르거나 방 안쪽 벽에도 살얼음이 끼는 추위에 찬물을 끼얹어 몸을 얼어붙게 했다. 30도가 넘는 더위에 열 명이나 되는 사람을 0.75평의 방에 몰아넣었다. 눕는 것은 물론 앉을 수도 없었고 날씨가 더우니 서로가 내쉬는 숨길이 불덩이처럼 뜨거워 까무러치는 사람도 있었다. 또 방 안의 스피커를 가장 높게 틀어 귀청이 찢어지게 하고, 심한 고혈압 환자나 당뇨 환자에게조차 약을 주지 않았다.

이 과정을 거치며 많은 장기수가 강제전향을 당했다. 전향서에 도장은 찍혔으되, 지독한 고문으로 강요된 것이었기에 본인의 의지가 결코 아니었다. 전향을 한다고 끝나는 것도 아니었다. 도장을 찍고 나서도 "자신의 죄를 인정하는가? 북한과 김일성에 대해 어떻게 생각하는가?"와 같은 질문에 수시로 답해야 하고 사상전향 성명서를 작성해 발표회에 나가 자신이 걸어온 길에 대한 고백과 참회를 공개적으로 해야 했다. 전향수는 분류심사에서 C급에 속하게 되는데 C급은 전과 4범 이상이 포함되어 있는 구간이다. 결국 전향은 전과 4범의 잡범으로 전락하는 것이며, 그 후부터 교도관에게 일반수와 똑같은 모욕과 체벌을 받아야 한다. 그럼에도 장기수들이 이에 도장을 찍은 것은 자살까지 할 정도로 그 고문이 가혹했기 때문이다.

양희철은 광주교도소로 오기 전인 1968년 전주교도소에서도 끔찍한 경험을 했다. 이른바 헬리콥터 고문이었다. 팔을 뒤로 젖히고 수갑을 채워 발목부터 어깨까지 누에고치처럼 밧줄로 묶은 다음 천정으로 끌어올려 팽글팽글 돌린다. 밧줄의 압박으로 피는 통하지 않고 온몸이 묶여 있는 상태에서 정신은 멍해지고 공중에서 떨어질지 모른다는 두려움에 거의 정신을 잃게 된다. 한 시간 반 정도 헬리콥터 고문을 받고 사방에 돌아오면 양희철의 몸에서는 오가는 길이 막혔던 피가 땀구멍마다 올라왔다. 교도소에서 던져 준 건 빨간 소독약 한 통뿐.

그래도 양희철은 버텼다. 그는 전향 공작이 마지막으로 극성을 부리던 1974년 8월 광주교도소에서 여덟 번이나 생똥을 싸면서 '사상의 자유'를 지켜 냈다고 기억한다. 이 전향 공작은 그가 1999년 3·1절 특사로 가석방이 확정되었을 때도 찾아왔다. 담당 공안검사는 석방되기 한 달 전쯤 찾아와 '전향서'를 내밀었고, 양희철이 거부하자 '생활계획서'를 쓰라고 했다. 이 또한 외면하자 '준법서약서'에 사인만이라도 하라고 했다. 그는 단호하게 물리쳤다. 어떤 경우에도 자기 양심을 묶을 수 없다며 차라리 가석방을 취소하라고 외쳤다. 마침내 그는 뜻을 관철했고 1999년 2월 24일 37년의 징역생활을 마치고 장용주 신부와 강신석 목사의 신원보증으로 광주교도소 감옥문을 열어 젖혔다.

—— 감옥에서 익힌 침뜸으로 새로운 삶을 살다

"불법 의료행위 중단하라. 중단하라."

양희철은 난감했다. 설마 했는데 한의사 조직에서 반대시위에 나설 줄이야…. 손팻말과 구호 소리가 요란하니 지나가던 사람들은 큰구경이라도 난 듯 다들 발걸음을 멈췄다.

양희철은 출소해 장기수 임방규·권낙기·이두균이 운영하던 제기동 민중탕제원에 거처를 마련했다. 사실 그는 광주교도소의 이름난 침구사였다.

양희철이 침구에 관심을 가졌던 건 집안 내력이었다. 고향인 전라북도 장수에서 큰아버지가 한약방을 했고 그의 아버지는 한의사 밑에서 침을 놨다. 양희철은 그때 시술을 눈여겨보고 서울 휘문중학교로 유학 와서도 한의학 서적을 틈틈이 펼쳐 봤다. 그가 평양에 갔을 때도 한 번의 계기가 있었다. 만경대유자녀학원을 견학했을 때 눈에 들어온 게 구리로 만든 사람 크기의 동銅인형. 거기에는 십이경맥과 기경팔맥을 포함한 인체 전신 경혈도가 그려져 있었고 침을 놓았을 때의 반응과 효과가 잘 표시되어 있었다. 스치듯 접했지만 뇌리에 남아 있었다.

광주교도소에서 전향 공작의 파고가 지나가고 1987년 6월 항쟁으로 교도소 내에서도 어느 정도 인권이 보호를 받게 되자 양희철은 한의학 공부로 마음을 달랬다. 교도소 도서관에서 황

양희철 선생처럼 비전향자로 분류되었지만, 남쪽의 가족을 두고 갈 수 없어 송환 신청을 하지 않은 이들도 있었다. 양희철 선생은 이제 가족의 허락을 얻어 인생의 마지막은 자신이 선택한 곳에서 마치려 한다.

제내경과 침구경혈 해설을 구해 공부했다. 침은 얇은 스프링을 구해 시멘트 벽에 갈아서 만들었다. 때론 바늘을 구했고 소독은 머리칼 사이에 쓱 문지르는 것으로 대신했다. 그래도 효험이 좋아 재소자는 물론 교도관까지 그의 침을 청해 맞았다.

이를 눈여겨본 사람이 바로 광주교도소의 김병준 소장이었다. 그는 광주에서 한약방을 하는 춘곡 강동원과 양희철을 교류하게 하면서 1990년에는 아예 양희철에게 재소자를 치료하는 두 평짜리 진료실을 만들어 주었다.

감옥 안에는 일반 의사인 '감옥의'가 있다. 그 밑으로는 교도관 중에서 선발해 의무부장을 두고 '여호와의 증인' 신자 같은 재소자를 간병부로 두어 의무과를 구성한다. 언뜻 그럴듯해 보이지만 감옥 내 진료는 그저 두통약이나 감기약 처방이 전부다. 감옥의는 교도소 내 교무과장이나 보안과장과 같은 수준의 월급을 받지만 다른 보상(?)이 컸다. 감옥 안의 천국이라고 하는 병사病舍에 들어가는 것은 감옥의가 결정할 수 있다. 기결수나 미결수가 건강이 나빠 병보석이나 형 집행정지를 받을 때도 역시 감옥의의 보고서가 중요하다. 이를 토대로 검사가 결정하기에 감옥의가 버는 돈이 개업의나 대학병원의 과장보다 몇 배 많다는 소문이 공공연하게 돌았다.

광주교도소의 감옥의는 돈 없는 재소자를 위한 양희철의 침구 치료를 별로 문제삼지 않았다. 덕분에 양희철의 특별한 경력이 쌓여 갔다. 재소자들은 아프면 감옥의에게 가지 않고 양희철에게 달려왔다. 양희철의 생일날 진료실에는 재소자들이 보낸 건빵, 사과, 담요, 내복이 수북했다. 출소할 무렵인 1999년, 양희철은 이미 수많은 임상경험을 가진 노련한 침구사였다. 그는 자연스레 출소 후 민중탕제원에 합류했다.

그때 천주교사목위원회는 양희철의 특별한 경력을 듣고 1억 2000만 원을 지원해 그가 탕제원을 별도로 만들 수 있도록 도왔다. 양희철은 봉천7동의 자그마한 단독주택 2,3층을 얻어 '우리탕제원'이라 이름 짓고 진맥을 보고 침뜸을 놓았다. 동료 장기수 조창손·안학섭·유한욱·신인영을 불러들여 약재를 다듬고 탕을 끓이게 했다. 천주교에서는 수녀 한 분을 파견해 도왔고 시민운동단체나 전교조 관련 인사들이 환자로 찾아오고 수시로 탕약을 단체 주문했다.

생활터전을 마련한 양희철과 동료들은 기쁜 나날을 보냈다. 탕제원을 운영한 지 1년 만에 사목위원회에서 지원해 준 돈을 모두 갚을 정도로 성황이었다. 이런 소문이 나자 이들의 시술이 허가 없는 의료행위라고 한의사협회에서 들고 일어난 것이다. 다행히 관악경찰서장과 보건소장이 중재를 선 덕에 시위는 잦아들었고 우리탕제원은 그 후 서서히 침뜸 봉사와 교육으로 방향을 전환했다. 돈을 받지 않으면 의료법상으로 문제가 없었기 때문이다.

—— 먼저 간 장기수들의 묘소를 돌다

양희철은 2018년 여든 후반이 되면서 힘에 부쳐 탕제원 운영을 그만두었다. 지금은 전국 묘지 순례를 하고 있다. 장기수로 복역 중에 사망했거나 출소해서 힘겹게 살다 죽은 동지의 묘를 돌아보는 일이다. 제주도에서 시작한 발길은 충청남도까지 올라왔다. 묘소가 산중에 있으니 이를 찾아다니는 일은 숨도 차고 다리도 아프다. 그렇지만 그에게 이 순례는, 2차 송환 길이 열린다면 북으로 떠나기 전 마지막으로 해야 할 일이다. 지금까지 대략 30~40기 묘소를 둘러봤다. 꼭 가고 싶었던 곳이 황필구의 묘소였다. 마을 이장이 가리킨 벌판 위에 봉긋 솟은 둔덕은 자그마한 대나무숲이었다.

그때가 광주교도소에 있을 때였는데 1985년인지 연도는 가물가물하다. "황필구 선생이 돌아가셨네 그예. 고문을 못 이겨서." 대전에서 광주로 이감 온 동지가 소식을 전했을 때 양희철은 깜짝 놀랐다. 그날 밤 양희철은 뜬눈으로 밤을 새웠다.

황필구는 익산농고를 나와 일본 릿쿄대학을 다닌 인물이다. 해방 후 북쪽으로 넘어가 상업성에서 근무하다가 공작원으로 내려와 잡힌 후 대전교도소에서 무기수로 복역했다. 그는 1963년 양희철이 대전교도소로 갔을 때 따뜻하게 맞아 주었다. 양희철보다 열여덟인가 많았던 그는 이곳도 사람 사는 곳이니다 견뎌 낼 수 있다고 힘을 불어넣어 줬다. 그 말을 듣고 양희철은 안기듯 황필구의 손을 꽉 움켜잡았다. 1968년 양희철이 전주교도소로 이감을 가게 되자 그는 "살아서 만나자"며 양희철의 어깨를 두드려 주고 뜨겁게 안아 줬었다.

그런 황필구를 살아서 못 만나고 52년 만에 묘소에서 만나니 술잔을 올리는 양희철의 팔은 마구 떨렸다. 찾아봐야 할 곳 둘러봐야 할 곳은 참으로 많다. 무연고 사체로 처리되어 화장터에서 한 줌 재가 되었거나 출소 후 행방불명이 된 동지가 많다. 그런 동지를 모두 찾아내 제를 올리고 싶지만 힘에 부친다. 묘지가 온전히 있는 동지만이라도 2차 송환 전에 모두 찾아가 술 한잔 올리고 동지의 삶을 기록하고픈 게 전국 묘지순례를 하는 양희철의 뜻이다.

양희철과 함께 1차 송환에서 배제되거나 신청을 못 했던 43명은 1차 송환 직후 2차 송환을 신청했다. 그러나 2차 송환은 아직 이루어지지 않았고 그동안 많은 이가 숨을 거둬 이제 몇 남지 않았다. 1926년생 문일승, 1929년생 양원진, 1929년생 최일헌, 1930년생 박정덕, 1930년생 박순자, 1934년생 김영식, 1935년생 박희성, 1945년생 이광근*. 적게는 77세부터 많게는

---

* 이들 중 문일승, 최일헌, 박정덕 선생은 인터뷰를 사양하셨다. 나머지 분들의 이야기는 이 책에 담겨 있다.

비전향 장기수의 전체 숫자는 알 수 없지만, 1970년대경 450여 명 정도가 수
감되어 있던 걸로 추산된다. 2022년 9월 현재 살아 있는 사람은 10명이 안
된다. 양희철 선생은 그렇게 먼저 세상을 떠난 이들의 묘소를 순례하고 있다.

97세에 이르는 노인들이다.

양희철은 이들과 함께 북으로 가는 길에 올라 끊어진 교류의 길에 다시 오솔길을 내려 한다. 아내와 딸은 양희철의 뜻을 받아들여 이별을 받아들이기로 했다. 문재인 대통령은 2022년 초에 "국민통합을 위해 박근혜를 사면했고 고뇌에 찬 결단이었다"고 국민에게 '혜량'을 요청했다. 늙고 병든 이들의 소원은 그리 많은 고뇌가 필요하지도 않을 터인데, 이들의 마음을 문재인 대통령은 임기 내내 몰랐던 것일까? 외면했던 걸까?

못다 한 이야기

• 이 글은 2021년 12월 인터뷰를 기초로 작성한 것으로, 초고를 《오마이뉴스》에 2022년 1월 1일자로 발표한 바 있다. 그 후로도 양희철 선생은 전국 묘지 순례를 이어 가고 있다. 가장 최근의 순례는 지난 7월 10일 전남 강진의 김규호 선생 묘지였다. 조선농민신문사 주필이었던 김규호는 비전향 장기수로 전향 공작에 맞서다 1975년 6월 28일 철창에 목을 매 자결했다.

박종린

두 개의 나라,
두 번의 무기징역,
하나의 조국

"아흔 살을 눈앞에 둔 이 몸을
제 고향 북녘땅으로 보내 주세요"

박종린

저는 1933년 중국 길림성 훈춘에서 태어나 해방되는 해에 함경북도 경원으로 들어왔지요. 통신부대 소좌 시절인 1959년 남쪽에 내려왔다가 체포되어 지금까지 예서 살고 있으니 60년이 흘렀네요. 북녘땅에서 산 세월은 고작 15년. 이곳에서 보낸 시간이 몇 배 더 많습니다.

일가친척도 아무런 연고도 없었던 남녘땅, 1993년 대구교도소에서 출소한 이래 소중한 인연이 많았습니다. 용학교회 임영창 목사님과 안국 장로님, 학교 매점에서 일할 때 나를 '통일할아버지'라고 부르며 따랐던 태훈이, 노동운동을 하는 청년들, 그리고 함께 고통을 겪었던 장기수 동지들…. 이들과 함께한 시간은 행복했습니다. 지금 살고 있는 동네에도 정이 많이 들었고 주인집 내외도 따뜻하게 대해 주고 있습니다. 아들처럼 제게 효성을 보여 주는 이도 있고요.

나는 현재 기초생활 수급자여서 한 달에 39만 원, 거기에 노인수당 30만 원을 합쳐서 한 달에 69만 원을 정부로부터 꼬박꼬박 받고 있습니다. 얼마 전에는 4급 장애인 판정을 받아, 월요일부터 금요일까지 3시간씩 요양보호사가 나를 돌봐 주고 있습니다. 당뇨, 고혈압에 2017년도부터 대장암을 앓고 있어서 약값과 건강식품비가 제법 들지만, 기초생활 수급자여서 약값은 공짜입니다. 그래서 병든 이 한 몸, 살아갈 만합니다. 이 모두 남쪽 동포의 배려라고 생각합니다.

아흔을 바라보는 나이니 살날이 얼마나 남았을지…. 죽기 전에 북녘땅을 밟아 외동딸 옥희를 다시 볼 수 있을지 모르겠습니다. 이제 삶을 정리하는 마음으로 남녘 동포에게 제가 살아온 이야기 한 토막 남기고자 합니다. 아스라한 기억이어서 이제는 뿌옇고 그저 빈칸이 많을 뿐입니다.

불가에는 "아니 온 듯 다녀가소서"란 말이 있지요. 이 늙은 이가 욕심을 부린 바는 없지만, 이 땅이 안고 있는 상처만큼 제 삶에도 깊은 상흔이 있습니다. 이제 이런 아픔은 이 늙은 몸이 눈을 감을 때쯤 이 땅에서 사라졌으면 합니다.

나는 1959년 남파되어 '모란봉 간첩단' 사건으로, 또 1976년 대구교도소 내 '붉은별' 사건으로, 두 번의 무기징역을 받아 34년간 교도소에 있었습니다. 넬슨 만델라가 27년을 살았으나 수감 기간으로는 제가 한참 형님뻘입니다. 물론 이 34년도, 45년 동안 수감되어 세계 최장기수의 기록을 갖고 있는 김선명* 선생에 비하면 한참이나 아래지요. 다만 쌍雙무기수라는

---

* 김선명은 1951년 10월 15일 조선인민군 정찰대원으로 정찰하던 중에 유엔군 포로가 되었다. 서울고등군법회의에서 15년 징역형을 받았으나, 1953년

점은 좀처럼 찾아볼 수 없는 기록이더군요. 곡절 많은 저의 인생사 들어보시렵니까?

—— 무기징역을 선고받다

"박종린을 무기징역에 처한다. 나머지 박선철, 임영찬 무죄, 박호련도 그간 대한민국에 세운 공로를 참작 무죄를 선고한다."

1960년 10월 28일, 서울고법 형사4부 재판장 임항절은 선고를 마치자마자 재판장을 빠져나갔다. 나는 판결이 내려지는 순간 얼떨떨했다. 무죄 판결을 받은 이들의 가족은 방청석에서 지켜보다 박수를 치며 기뻐했다. 나의 망책網責(정보망의 우두머리)이었던 박호련은 고개를 돌리며 눈길을 피했다. 교도관 두 명이 다가와 나의 옆구리에 팔짱을 끼고, 다른 두 명은 앞뒤로

4월, "정찰대가 아니고 간첩부대인 526군부대에서 남파됐다"는 혐의로 간첩죄가 추가되어 사형이 선고되었다가 무기징역형으로 감형되었다. 1995년 광복절 특별사면으로 출소할 때까지 45년간 감옥에 있었는데, 기네스 세계기록에 세계 최장기수로 올라 있다. 2000년 6·15 남북공동선언에 따라 북한으로 송환되어 평양에서 살다가, 2011년 1월 15일 사망했다. 김선명을 주인공으로 극영화 〈선택〉이 만들어졌다.('위키백과' 참고)

서서 포승줄을 동여매며 수갑을 조였다.

호송차를 타고 서대문형무소로 돌아가는데, 창문 밖으로 노랗게 물든 은행잎이 하나씩 떨어지고 플라타너스 잎사귀에도 스산함이 가득했다. 멀리 교도소 뒤 안산에는 단풍나무가 능금 빛깔을 벗어던지고 겨울준비를 서두르는 듯했다.

형무소로 돌아와 나는 사건을 되짚어 보았다. 정리가 잘 안 되었다. 어떻게 박호련은 무죄가 되었나? 역공작의 공로를 참작하다니?

나는 1959년 남파될 때 소좌 계급으로 911통신부대에서 일했다. 이 부대는 1953년 정전 후에 모든 통신 관련 부서를 모아 만든 조직이었다. 나는 여기서 통일사업 일꾼에게 모르스부호나 난수표 등을 교육시켰다.

당시 48세의 지방 군당 조직부장 한 명이 파견을 앞두고 교육을 받고 있었는데 난수표 교육을 힘들어했다. 접선 날짜가 다가와도 교육에 진전이 없자, 나는 책임감을 느껴 "남쪽에 대신 다녀오겠다"고 상부에 제안했다. 그런데 뜻밖에도 방학세 내무상이 나를 불러서 "나서지 말라!"고 주의를 주었다. 그는 해방 전 소련 정보기관 간부였고, 정권 수립 때 내무국 정보처장을 맡았던 인물이었다.

그때 나는 오백룡 정보호위 국장에게도 의견을 구했는데, 그도 역시 반대하며 교관 업무에만 충실하라고 했다. 오백룡은 동북항일연군[*]에서 경위련警衛連 연장으로 보천보 전투^{**}에 참가했고 1945년 8월 9일 88여단과 함께 함경북도 웅기에 상륙하며 국내 진공 작전에 참여했다. 이런 경력 덕에 조선인민군 8사단장을 맡았고 나중에는 당 중앙위원까지 올랐던 인물이다.

나는 1950년 전쟁 당시 열여덟 살로 만경대혁명학원 3학년이었다. 학교 방침을 무시하고 친구들과 뛰쳐나가 8사단이 있던 강릉으로 가서 오백룡 사단장의 호위부대에 들어갔다. 그 인연으로 중요한 결정을 내려야 할 때마다 나는 그에게 의견을 묻곤 했다.

내가 대리 파견되는 데는 만경대혁명학원 출신이라는 점이 걸림돌이었다. 만경대혁명학원은 항일운동 열사의 자녀를 위해서 세워진 학교였다. 1947년 10월 12일 평안남도 대성군에 세워져 처음 명칭은 '평양 혁명자 유가족 학원'이었다. 1948년 들어 평양 만경대에 교사를 신축해 이전하면서 만경대혁명학원으로 이름이 바뀌었다.

---

* 　동북항일연군은 1936년 만주에서 활동하고 있는 조선인과 중국인의 유격부대를 중국공산당의 주도로 통합한 항일 군사조직이다. 북한 정권의 핵심 인사인 김일성, 김책, 최현, 최용건 등도 이 항일연군에 참여했다. 당시 만주에 있던 수많은 항일 계열 군사조직 중에 제일 큰 세력을 형성했다.('위키백과' 참고)

** 보천보 전투는 1937년 6월 4일 만주에서 활동하던 동북항일연군 소속의 최현, 김일성 부대와 박달, 박금철의 조국광복회 등이 함경남도 갑산군 보천면 보전리를 일시적으로 습격하고 퇴각한 사건이다.('위키백과' 참고)

'북조선'은 1946년부터 38선 이북과 만주 지역 일대에서 항일혁명가 유자녀를 모으기 위해 많은 노력을 기울였다. 이 자녀들을 보살펴 향후 나라의 동량으로 키운다는 구상이었다. 그래서 만경대혁명학원 출신인 내가 위험부담이 큰 연락원으로 나가는 걸 주변에서는 좋아하지 않았다.

그렇지만 접선 날짜는 다가오고 다른 요원을 보내기가 여의치 않았다. 결국 내가 가기로 결정이 되어 일주일간 남쪽 사정에 대해 교육을 받았다. 전쟁 시기에 대구 쪽으로 내려간 이후 처음으로 남쪽 땅을 밟게 된 것이다.

내가 만날 남쪽의 선은 박호련, 그는 방학세 내무상이 직접 관리하는 인물이었다. 함북 길주가 고향인 그는 해방되는 날에 입당해서 38보위부 정보과장을 맡았었다. 그는 휘하의 임영찬이 배신해서 남쪽으로 내려가자, 문책을 받고 평양 감옥에 갇혔다. 인천상륙작전 이후 평양을 점령한 미군은 그의 활용 가치가 높을 것으로 보고 대북 정보요원으로 포섭했다.

나중에 알고 보니, 방학세 내무상은 이런 가능성을 내다보고 박호련을 위장 투옥시킨 것이었다. 그는 정전 후에 '남조선' 군대의 중령이 되어 특무대, 첩보부대, 미 정보기관에서 대북 첩보업무를 수행했다. 북에서는 박호련의 입지를 뒷받침하기 위해 적당한 때 적당한 정보를 흘려 주었다.

내가 내려간 루트는 강원도 양구 문등리의 전방 GP, '북으로 파견되었던 요원이 귀환하는 형식'이었다. 전방 수색대가 나를 박호련한테 인계했고, 나는 그의 지프차를 타고 서울 장충동 안전가옥으로 가서 은신했다.

3개월 기한으로 왔는데 북쪽 요원 훈련이 지지부진해 다시 3개월 연장되었다. 귀환 전날 무전기를 켜니 뜻밖에도 얼마 안 남은 1960년 정·부통령 선거 결과까지 보고 오라는 지시가 내려왔다.

그래서 남쪽 체류가 길어지던 1959년 12월 어느 날, 장충동 안전가옥에 들이닥친 특무대에 잡혀 나는 연행되었다. 한겨울이었는데 넓은 실내 훈련소가 취조실이었다. 벽난로 하나만 덩그러니 놓여 있었고, 쇠꼬챙이 하나가 달아올라 붉은 혀를 날름대고 있었다. 수사관은 그 꼬챙이를 들이밀면서 "사실대로 불라!"고 윽박질렀다.

취조를 받으니, 이미 사실관계와 조직도가 그려져 있었다. 박호련이 총책이고, 그의 수하로 남쪽에 와 중령 계급장을 달았던 임영찬 그리고 민주당 훈련부장인 박선철, 이 세 명이 방학세의 지시에 따라 '모란봉 간첩단'을 만들었고, 나는 무전기 2대를 가져와 연락 담당을 한 것으로 되어 있었다. 거기에 맞춰 진술하는 것 외에는 달리 방도가 없었다.

당시 이승만 정부는, 1960년 3월 15일 정·부통령선거를 앞두고 야당에 판세가 뒤지자 타개책이 필요했다. 그래서 민주당

박종린 선생이 연루된 '모란봉 사건'을 다룬 당시 기사. 사진의 위쪽 왼편이 박종린 선생이다. 기사에도 나오듯 주범은 박호련이었지만, 그는 재판에서 무죄 방면되었다.

이 연루된 간첩단 사건으로 반전의 기회를 잡고자 '모란봉'이라 이름을 짓고 민주당 당료들과 의원을 엮어 나간 것이다.

그런데 특무대의 이 작전은 당시 장도영 육군정보국장도 "잘못한 일이다. 박호련은 대북 첩보라인에서 중요한 인물인데 그렇게 써먹어서는 안 된다"며 직간접적인 불만을 드러냈다. 결국 항소심 재판에서 박호련은 대한민국에 공을 많이 세웠다고 무죄 방면이 되었다. 그는 북쪽의 기대와 달리 남쪽에 더 충성하는 이중 스파이였던 것이다.

나는 2심 판결 이후 1961년 2월 18일, 대법원 형사부 오필선 재판장으로부터 무기징역 확정 선고를 받았다. 그리고 서울형무소에서 대구교도소로 이감되었다.

—— 항일 독립운동가였던 아버지에 부끄럽지 않게

내가 열세 살, 우리 가족이 압록강 건너 훈춘에서 살고 있을 때 해방이 되었다. 그때 조국광복회*에서 항일운동을 했던 아버지

---

* 조국광복회는 1936년 6월, 동북항일연군의 조선인 지휘관이 중심이 되어 만주 지역의 민족주의자와 사회주의자를 포괄하는 통일전선으로 결성된 항일무장투쟁 조직이다.

박승진이 7년간 갇혀 있던 연길 감옥에서 나왔다. 동지들이 우마차에 실어 아버지를 모시고 왔다. 우리 가족은 병든 아버지를 모시고 고향 경원(함경북도 두만강 부근)으로 돌아왔다. 시름시름 앓던 아버지는 해방 후 3개월이 되었을 때 "나의 경력을 팔아 해방 조국에 부담을 주지 말라"는 유언을 남기고 돌아가셨다. 나는 어린 나이여서 그 말이 무슨 뜻인지 몰랐다.

어머니는 까막눈이고 아버지는 바람 같은 존재였다. 몇 달에 한 번, 심하면 몇 년 만에 한 번 오시기도 했으니 내게는 늘 손님이었다. 어머니는 아버지 행적에 대해 잘 모르셨다. 형들도 어렸을 때였고…. 그래서 아버지의 죽음, 아버지의 장례는 안개 속에 있는 듯 희미한 기억뿐이다.

아버지의 상을 치르고 나는 안농중학교에 편입했다가, 1947년 만경대혁명학원에 들어갔다. 우리는 4형제였지만 어머니는 나만 만경대혁명학원으로 보냈다. 어머니는 "해방 조국에서 특혜를 바라지 말라"는 아버지의 말씀을 담아 두셨던 모양이다. 학원에서 항일유격투쟁사와 군사학을 비롯한 여러 기초 과목을 배웠다. 교사는 대부분 가족이나 친척이 항일투쟁 경력을 가진 인물이었다.

학제는 해방 직후라 수시로 바뀌었지만 특설반, 초급반, 고급반으로 구성되어, 인민학교부터 고급 중학교 과정까지 있었다. 10개 학급에 약 350명 정도가 공부했던 것으로 기억한다.

1950년에 나는 만경대혁명학원 3학년이었으며 9월에 졸업 예정이었다. 그런데 6월 25일 전쟁이 일어났고 만경대혁명학원 학생에게는 엄격한 통제가 내려졌다. 학원생은 졸업하면 군관 학교로 진학하거나 러시아 등으로 유학을 갈 예정이었기 때문이다.

학교가 통제 상태였지만 항일운동가 유자녀들이 모인 곳이라 참전 열기가 뜨거웠다. 당시 재학생의 눈에 남쪽은 아직 친일과 식민지 상태에서 온전히 벗어나지 못한 상태였고, 전쟁은 진정한 조국 통일을 이룰 기회였다. 나는 친구 일곱 명과 기숙사를 빠져나와 학교 담을 뛰어넘었다. 기차를 타고 평양에서 원산을 거쳐 양양으로 갔다. 당시 제1여단이 인민군 8사단으로 개편되어 그곳에 있었는데, 우리는 만경대혁명학원 출신임을 숨긴 채 부대에 넣어 달라고 졸랐다. 입대 절차 없이 어린 학생이 입대하겠다고 하니 부대에서는 의아하게 여겼지만, 고집을 부려 겨우 들어갔다.

당시 8사단장 오백룡은 만경대혁명학원으로 강의를 나온 적이 있었는데 사단 순시 중에 모자를 푹 눌러쓴 우리를 알아보고 "야, 임마! 너희들 여기 왜 왔어. 빨리 돌아가, 학교에서 난리다"라고 역정을 냈다. 나는 친구들과 함께 전선으로 가겠다고 버텼다. 오백룡은 할 수 없이 우리를 데려가기로 하고 비교적 안전한 사단 지휘부 호위소대에 배치했다. 지휘부를 따라 단양에서 안동, 의성, 그리고 한때나마 대구 근처까지 나아갔다.

미군의 공중폭격에 병력 손실이 컸다. '쌕쌕이'라고 부른 머스탱 전투기가 로켓탄을 들이붓고, B29 중폭격기는 네이팜탄을 끝없이 퍼부었다. 폭탄이 떨어질 때마다 폭탄 안의 기름이 함께 폭발해 온통 불바다가 되고 잿더미가 되어 버렸다.

공습으로 길이 끊기고 수송 수단도 마땅치 않아 식량 공급이 제대로 안 되었다. 1950년 9월 15일 맥아더의 인천 상륙 이후에는 더 심해져 주린 배와 싸우는 게 일이었다. 당시 전선이 위태로워 사단 지휘부는 연락병만 남기고 모든 병력을 일선으로 보냈다. 나도 친구들과 최전선으로 나갔다. 이때는 부대 편성조차 제대로 안 돼, 한 개 중대가 열여덟 명 이하인 경우도 있었다.

9월 하순 어느 날, 영천 부근 최전방에서 참호를 파고 공중폭격을 견디고 있을 때였다. 공중폭격이 끝나면 항상 지상전이 벌어졌다. 그날도 어김없이 폭격 후 육박전이 벌어졌는데, 대검을 차고 내려가면서 싸우다 남쪽 군인과 엉켜 산비탈을 굴렀다. 이때 구르면서 머리를 바위에 부딪혀 부상을 입었다. 만경혁명대학원 친구가 구해줘 머리를 붕대로 동여매고, 우리는 낙오된 상태에서 서로 의지하며 북두칠성만을 바라보고 밤길을 걸었다.

나는 야전병원이 있는 안동에 도착해서야 제대로 치료를

받았다. 당시 야전병원에는 후송 가야 할 사람이 수천 명이나 되었다. 전선이 더욱 밀리자 병원에서는 움직일 수 없는 사람에게 식량 일부와 모포만 주고, 나머지는 모두 조별 편성을 해서 후퇴하라고 명령했다.

나는 중좌 한 명이 50명으로 편성한 조에 들어갔다. 영주, 원주, 춘천을 거쳐 38선을 향해 밤에만 움직이면서 나아갔다. 이미 남측 군대가 북으로 올라갔기에 그 뒤를 따라 행군하는 기묘한 상황이었다. 춘천에 도착해 보니 함께 출발한 50명 중 남은 사람은 열여덟 명뿐. 이미 차가운 10월로 접어들어 야간 행군은 부상병에게 힘에 부친 일이었다.

인솔자인 중좌는 산악 행군이 너무 더디니 바닷길로 가야 한다며, 춘천에서 원산으로 방향을 바꿨다. 원산 앞바다가 보이는 안변에 이르니 거기도 점령지가 되어 있었다. 평양은 괜찮겠지 하는 기대로 서쪽으로 향했는데, 이미 압록강 부근까지 남쪽 군대가 올라갔다는 소식이 들렸다. 할 수 없이 태백산맥을 넘어 자강도 쪽으로 나아갔다. 강계에 이르러서야 비로소 아군을 만나 옥수수를 먹으며 영양보충을 조금 했다. 야전병원도 있어서 한 달간 입원해 부상도 회복하고 몸을 추슬렀다.

퇴원 후 나는 평안북도 피현 골짜기에 있는 군관학교에서 1950년 말부터 3개월간 통신 훈련을 받았다. 그리고 최고사령부 통신연대의 1대대 1중대 1소대의 무선소대장이 되었고, 정전이 되는 해에 중대장이 되었다. 정전 후에는 제1군관학교와 중급 군관학교를 거쳐서 통신참모가 되었다. 이후 911통신부대에 배속되어 앞서 말한 사정으로 남쪽으로 대리 파견되었다가 결국 대구교도소에 수감되고 말았던 것이다.

─── 재소자 인권투쟁에 나서다

"박종린 나와!" 어둠이 사동舍棟에 가득 내렸을 때 멀리서 발자국 소리와 나를 호명하는 소리가 들렸다. 늦은 시간에 군홧발 소리를 내면서 서너 명이 복도 끝에서 다가올 때 두려운 마음이 들었다. 나는 교도관에게 이끌려 철창문을 두세 개 통과해서 보안과에 다다랐다. 보안과장 외에도 군복 점퍼를 입은 이들이 몇몇 있었다. 그들은 나를 쏘아보며 "가지!" 하고 차갑게 내뱉었다. 수갑을 차고 교도소 마당을 걸어가니, 망루 탐조등이 쏟아지는 별빛을 거칠게 부서뜨리고, 높은 담장은 보드라운 저녁 바람마저 묶어 두고 있었다.

오랜만의 외출이었다. 1961년 수감된 이래 광주, 전주, 대전을 거쳐 대구교도소로 오기까지, 이감 갈 때마다 호송차를 탔지만 승용차를 타고 나가는 건 처음이었다. 그들은 차에 타자마자 덮개로 내 얼굴을 씌우고 차 밑으로 머리를 박게 했다.

저승길일지도 모르니 대구 시내 구경이나 시켜 주면 좋으련 만….

도착한 장소는 중앙정보부 대구경북지부였다. 눈이 가려진 채 지하실로 내려갔다. 정신을 차려야 할 것 같아서 나는 속으로 한 계단 한 계단을 세었다. 모두 열여덟 계단이었다.

취조실은 백열등 하나만 밝힌 상태였다. 그들은 "소니 라디오에 송신기를 달아 북과 교신하지 않았냐?"고 물었다. 나는 "라디오를 들은 것은 사실이지만, 교도소 안에는 부품 한 조각 없는데 어떻게 송신기나 무전기를 만들 수 있겠나? 내가 통신부대 출신이지만 통신장비 기술자는 아니다"라고 설명했다.

수사관은 중앙정보부 본부에서 내려온 사람들이었다. 수사관 2명이 일어서더니 "야, 박종린! 오랜만에 세수 좀 할래?" 하며 웃통을 벗었다. 나는 순간 움찔했다. 1960년, 특무대에 잡혀갔을 때 쇠꼬챙이로 당했던 고문이 떠올랐다. 그들이 얘기하는 '세수'는 바로 물고문이었다. 고춧가루까지 탄 물을 마시며 이틀을 버텼다. 북과 어떻게 교신했는지를 말하라고 혹독하게 나를 닦달했지만 아무리 상상력을 동원해도 그들 요구를 맞춰 줄 수가 없었다. 3일째인가 서울에서 내려온 상급자가 대구교도소 내 자생적인 사건으로 정리하자고 매듭을 지었다. 그 후로도 10여 일을 매일 밤 8시부터 다음 날 새벽 5시까지 조사를 받았다.

그들이 만든 결론은 교도소 내 '지하조직 결성과 암약'이었다. 전영훈을 회장으로, 나와 15명이나 되는 재소자가 '붉은별'이란 조직을 만들어 북측 방송을 청취하고 고무 찬양했다는 것이다. 그들이 회장으로 그려 넣은 전영훈은 신안군 출신의 장기수였다. 남로당원으로 신안군 내무서장을 맡았다가 지리산에 입산, 유격대(빨치산)로 활동했던 인물이다. 그는 20년을 살고 이미 출소한 상태였다.

그들은 재소자로만 이루어진 사건으로 하면 뭔가 약할 것 같으니, 출소한 그를 그림 속으로 끌어들여 밖으로 조직 확대를 시도했다는 상상력을 발휘했다. 불행히도 전영훈은 다시 잡혀 온 충격과 고문 후유증으로 재판받는 도중에 자결했다.

그들이 그려낸 '붉은별' 조직 사건의 실상이란 사실 별 게 아니었다. 나는 1970년대 중반 대전교도소에서 대구교도소로 이감을 갔다. 그때는 전향 공작 광풍이 한차례 휩쓸고 간 때라 전향당한 장기수는 물론 일반수까지 억눌린 분위기였다. '모란봉 간첩단 사건' 당시 변호인단은 내가 '전향했다'고 자기들 마음대로 서류를 제출했었다. 그래서 형이 확정된 이후, 나는 '전향'으로 분류되어 있었고 방도 '전향 사동'으로 배정을 받았다.

나는 대구교도소 내 전향 사동에서 사람들을 모아 재소자 인권투쟁을 시작했다. 우선 소지(일본말로, 청소를 담당하는 재소자를 말한다)를 구워삶았다. 그를 통해 쓰레기가 된 신문 쪼가리들을 얻어서 바깥소식을 파악했다. 당시에 재소자의 인권은 열악해서 신문이나 방송 청취가 불가능함은 물론 종이와 연필조차도 쓸 수 없었다. 나의 은밀하면서도 적극적 행동에 장기수들은 다시 힘을 얻고, 일반수도 교도소 내 처우 개선 문제에 대해 조금씩 눈떠 갔다.

나아가 나는 재소자들이 상황 변화에 대처하려면 아무래도 정보를 정확하게 파악해야 하기에 라디오 반입을 시도했다.

"라디오 하나 구할 수 없을까요?"

"네!? 너무 위험해요, 수시로 검방이 있는데…."

"1급수 중에 따르는 친구가 몇몇 있으니 문제없을 겁니다."

나는 운동을 나갈 때 동행 간수한테 간곡히 부탁했다. 나의 징역 생활 태도에 감복하고 있던 그는 알게 모르게 신문이나 서책 등 편의를 봐 주고 있던 터였다.

"라디오를 어디 쓰려고 합니까?"

"바깥소식을 매일 들어야 합니다. 알다시피 신문이나 방송은 재소자의 권리입니다."

"그걸 모르는 건 아니지만, 지금 긴급조치로 서슬이 퍼러니…."

"김형은 구해만 줘요, 내가 목숨 걸고 관리할 테니…."

운동장으로 나가면서 우리는 낮은 목소리로 속삭였다. 엿듣는 것은 쇠창살과 높은 천장뿐이었다. 내가 거듭 간청하자,

교도관은 마침내 '소니 라디오'를 구해 야간 당직 때 내게 건네줬다. "이거 발각되면 모가지는 물론이요, 콩밥까지 먹으니, 박 선생님이 잘 관리해 주세요"라고 여러 차례 부탁을 했다.

그날 밤부터 나는 라디오를 이불 속에 품고, 국내 방송은 물론 주파수가 잡히는 평양, 일본, 블라디보스토크 방송까지 들었다. 아침에 일어나면 출역을 나갈 때 지지자 중 검신을 안 하는 1급수 한 명의 허벅지에 라디오를 차고 나가게 했다. 재소자가 작업장으로 나가면 교도관이 매일 검방을 하기에 방에 두고 다닐 수는 없었다.

라디오를 듣게 되면서 교도소 내에 생기가 돌았다. 항상 새로운 정보가 정확하게 전달되자 나를 중심으로 단결도 잘 되었다. 또 부식 개선 투쟁도 나름대로 성과를 거두었다. 이렇게 3년간이나 별 탈 없이 지나갔다.

—— '붉은별 사건'으로 또 무기징역

그러던 어느 날, 작업장에서 망치와 벤치가 없어지는 사건이 발생했다. 교도소에 비상이 걸렸다. 특히 망치는 흉기가 될 수 있으므로 작업장에서 1급수를 포함, 모든 출역자를 대상으로 몸수색이 진행되었다. 그때 라디오를 가지고 있던 1급수가 당황해서 허벅지에서 라디오를 꺼내 공장에서 만든 제품 사이에 숨겼다. 그런데 이 장면을 어떤 재소자가 봤고 교도관에게 신고를 한 것이다. 즉시 그 1급수가 연행되었고 이어서 나도 끌려 갔다. "라디오를 언제 어떻게 구입했냐? 건전지는 어떻게 받았느냐?"는 추궁과 뭇매가 함께 들어 왔다. 동시에 내가 있던 사동의 교도관에 대한 감찰이 이뤄졌고, 나를 도와준 교도관은 겁이 나 지레 자복하고 말았다.

어찌 보면 교도소 내 사소한 사건으로 끝날 수 있는 일이 법무부에 보고되면서 중앙정보부가 개입했다. 1976년은 박정희 정권의 위기가 촉발되던 해였다. 1972년 유신헌법을 선포하고 1974년에는 긴급조치를 발동하면서, 박정희는 사실상의 '종신 총통' 체제를 구축하고 있었다. 특히 1975년의 긴급조치 9호는 집회와 시위는 말할 것도 없고 유신헌법에 대한 일체의 논의를 금지시켰다.

여기에 파열구를 낸 함성이 1976년 3월 1일 '민주구국선언'이었다. 이 선언은 3·1운동 57주년을 기념하는 형식으로 명동성당에서 열린 신·구교 합동미사 중에 발표되었다. 함석헌, 문익환, 김대중, 함세웅, 이우정 등이 주도한 이 사건은 반향이 컸다. 이 주모자들이 긴급조치 위반으로 입건되자, 종교계에서는 민주구국선언이 정당하다는 성명서가 잇달아 나왔고, 대학가에서는 이 선언문을 복사해 널리 배포하며 유신체제에 대항하는 전선이 구축되었다.

이러한 정세에서 중앙정보부는 대구교도소 내에서 라디오로 북쪽 방송을 청취한 일로 무언가 만들어 보려 했다. '붉은별'이라 이름 붙이고 조직도를 짜 맞췄다. 그렇지만 재판장은 내게 사형을 구형한 검찰에게 "관리가 소홀해서 발생한 사건인데 과하지 않냐?"며 훈계까지 했다. 아무리 부풀려도 그저 '교도소 내 인권투쟁'이었을 뿐이다. 하지만 반국가단체와 통신을 시도했다며 나는 다시 무기징역을 선고받았다. 결국 '모란봉 사건'과 '붉은별 사건'으로 두 번이나 무기형을 선고받은 쌍무기수가 된 것이다.

그 이후 나의 징역 생활은 힘들었다. '붉은별 사건'으로 '전향 분류'는 무효가 되고, 진짜 전향 공작을 겪게 되었다. 어렵사리 버텨 내고서야 징역 생활은 평화(?)로워졌다. 특히 1980년 광주민주화운동 이후 학생운동 인사가 대거 감옥으로 들어오면서 재소자의 인권이 많이 개선되었다. 서신과 집필이 자유로워지고 신문이나 방송도 접할 수 있게 되었다.

그렇지만 나는 전향 공작 때 당한 고문 후유증 때문인지 늘 시름시름 앓았다. 1993년에 접어들면서는 몸무게가 40킬로그램을 겨우 넘을 정도로 위태로웠다. 그 무렵부터 병보석 얘기가 나왔지만, 법무부에서는 바깥에서 받아 줄 인수자를 요구했다. 마침 같은 교도소에 있던 전국농민회 배종렬 회장이 무안의 용학교회 임영창 목사에게 연락을 했다. 임 목사는 1989년 평양 방문 이래 장기수 구명을 위해 노력해 온 문익환 목사의 제자였다. 덕분에 내겐 바깥에 교회라는 끈이 생겼다.

그러자 대구교도소에서는 출소시켜 줄 테니 전향하라고 다시 요구했다. 당시 학생들이 많이 들어올 때여서 학생에게 요구하는 반성문 수준이라며 회유했다. 교회에서도 석방되기 위한 형식상 절차이니 써 주라고 권유했다. 그렇지만 나는 모두 거부하고 차라리 징역을 더 살고 여기서 죽겠다고 버텼다.

몸 상태가 더욱 안 좋아지자 대구교도소는 병보석을 하되, 교회와 목사가 쓴 '신병인수서'로 반성문을 대신한다고 결정했다. 마침내 나는 34년의 징역을 끝내고, 1993년 12월 24일 대구교도소 문을 나왔다.

── 좌절된 1차 송환

"선생님은 전향자로 분류되어서 이번 송환에 해당이 안 됩니다."

"그게 무슨 소립니까? 나는 34년을 살면서 그 가혹한 전향 공작 때도 온몸으로 버틴 사람입니다."

나는 다급한 마음에 전화기를 붙잡고 사정하다시피 말했

다. 2000년 6·15선언으로 '비전향 장기수' 송환이 합의되자, 나는 들뜬 마음에 고향 갈 날만 기다리고 있었다. 41년 만의 귀향인데 '전향자'여서 안 된다니….

알고 보니 목회자의 신병인수서가 '종교를 받아들인 것'이고, '종교 활동'은 '사상적 전향'이라고 통일부에서는 판정했다는 것이다. 내가 전향자로 분류되어 송환 명단에서 탈락했다는 소식을 접한 목사들은 통일부에 강하게 항의했다

"전향 여부를 기준으로 하다니, 강제전향 공작을 당신들은 인정한다는 것이냐?"

"사상과 양심을 어떻게 강요할 수 있느냐?"

"박종린 선생은 우리 목사들이 신병인수서만 썼을 뿐이다. 전향의 '전' 자도 없었다."

통일부에 여러 경로로 이의를 제기했지만, 방침이 그렇고 이미 결정되었다는 답변만 돌아왔다.

나는 할 수 없이 2000년 9월 2일의 1차 송환을 포기했다. 나중에 알고 보니 송환된 이에게는 더할 나위 없이 기뻤던 그날이 내게는 혹독한 운명이 기다리고 있던 날이었다. 아내 로인숙이 평양으로 돌아온 장기수 환영행사에 가서 나를 찾다가 그만 쓰러져 세상을 떠난 것이다. 북측에서 이번 명단에 없다고 알려 주었지만, 아내는 혹시나 하는 마음으로 나왔다가 상심이 커 실신하고 만 것이다.

남쪽으로 내려오는 날도 새벽 공기가 차니 나오지 말라고 해도 아내는 기어이 딸 옥희를 둘러업고 따라 나왔다. 아내는 그때 스물일곱 살, 손도 변변히 잡아 주지 못하고 3개월 된 딸 옥희의 볼만 한 번 비벼 주고 나왔을 뿐이다. 생사 연락도 못한 채로 41년이나 흘렀으니, 젊은 아내는 과부로 평생을 살아온 셈이다. 아내는 나를 기다리며 고맙게도 1988년까지 내 어머니를 모시고 살았다. 송환된 장기수 무리에 내가 있었다면 그 오랜 응어리가 조금이나마 풀렸을 텐데….

기다렸던 2차 송환은 2004년 정동영이 통일부장관에 취임하면서 뭔가 이루어질 듯한 분위기가 되었다. 마침 의문사진상규명위원회에서도 강제전향은 위법이며, 그렇게 이루어진 전향은 전향이 아니라고 규정했다. 하지만 안타깝게도 2005년을 지나면서 2차 송환 분위기는 급격히 시들해져 버렸다.

—— 스치듯 만난 딸 옥희, 눈물 속에서 헤어지고

"박종린 선생, 저기 잠시만…."
6·15 공동선언 7주년을 기념하는 민족통일대축전 남측 참가단이 평양에서 서울로 귀환하려고 버스에 오르고 있던 참에, 내 옆으로 북의 안내원이 다가와 말을 걸었다. 그러면서 통제선

바깥에 있는 한 가족을 가리켰다. 손수건으로 입을 틀어막고 흐느끼면서 내게 깊은 절을 하는 여인, 그 옆에 중년 남자, 그리고 아이 둘. 폐막식이 열렸던 평양 태권도경기장에서도 내게 계속 눈길을 보냈던 그 여자였다. 아, 필경 옥희 그리고 옥희의 가족인 게다. 1959년, 떠나오는 날 엄마 품에서 빨리 돌아오라는 듯 옹알이하던 바로 그 딸이다.

눈물 속에서 한 발 한 발 다가오는 옥희의 모습은, 먼 옛날 연길감옥으로 아버지 면회를 가려고 옥수수를 싸던 어머니의 작은 어깨와 닮아 보였다. 내가 떠나오는 날, 고구마가 담긴 도시락을 건네며 눈물짓던 아내의 눈매와도 닮았다.

모란봉 간첩단 사건으로 무기징역을 받던 날, 내 품에서 잠들던 아내의 살 내음과 꼬물대던 옥희의 발가락이 떠올랐다. 전향하라는 고문을 받고 있을 때는, "금방 돌아올 거죠?"라고 애처롭게 묻는 아내의 목소리와 옥희의 눈웃음이 어른거렸다. 1차 송환 명단에서 배제되었다는 소식을 들었을 때는, "언제 돌아올 거예요?"라는 물기 어린 아내 목소리와 옥희의 울음소리가 들렸다.

발걸음을 비틀대며 손을 추어올리고 옥희 쪽으로 한 걸음씩 한 걸음씩 옮기는데, "버스가 출발할 예정이니 빨리 탑승해 달라"는 방송이 계속되었다. 1호 차는 조금씩 움직이기까지 했다. 영문을 모르는 우리 일행은 버스로 어서 올라오라고 안에서 손짓을 했다.

　모든 게 뿌옇다. 아버지 상여가 나가는 날, 어머니는 우리 어린 형제를 앞세우고 '에고에고' 곡을 했다. 낙동강 전선에서 네이팜탄으로 사방이 불바다가 될 때, 나는 엄마를 불렀다. 친구와 손을 잡고 무서워서 함께 울었다. 대구교도소 망루 밑 징벌방에서 새벽이슬을 덮고 잘 때, 아내의 분 냄새가 그리웠다. 떠나올 때 나를 꼭 잡아 주던 따뜻한 손이 그리웠다. 아내가 1차 송환자 무리에서 미친 듯 나를 찾다 쓰러졌다는 얘기를 들었을 때, 나는 지팡이를 짚고 밤거리를 헤맸다. 소주도 들이켰고 내 운명을 욕하고 저주했다. 모든 게 뿌옇고 뿌열 뿐이다.

　나는 2007년 6월 14일 '6·15 공동선언 7주년 민족통일대축전'에 참가했다. 장기수 출신에 대한 배려 차원으로 대표단에 선정되어 평양에 가게 된 것이다. 1차 송환은 좌절되었지만 꿈에 그리던 북녘땅을 밟았다.

　근 50년 만에 발을 디딘 평양의 변화는 놀라웠다. 전후의 평양은 잿더미였다. 온전한 모양을 갖춘 건물이 손에 꼽을 정도였다. 그래서 정전 후 내가 소속되어 있던 부대는 사무실이 없어서 임시 막사나 토굴 같은 곳을 이용했을 정도다. 그 당시 재건 삽을 올린 곳은 노동당 당사, 최고인민회의 청사, 내각 청사 정도였다. 그랬던 평양이 재건된 모습을 보니 감개무량했다.

　평양에 발을 디딘 것은 6월 14일이지만 주석단 배치에 대한 입장 차이로, 떠나오는 날까지 거의 행사를 하지 못하고 호텔 방에만 묶여 있었다. 떠나는 날인 6월 17일에야 비로소 공식 행사가 폐회식을 겸해 열렸다. 나는 평양 체류 기간 중 필시 딸을 만나리라 기대했지만, 분위기가 그러니 마음만 초조했다.

마지막 순간까지 혹시나 하는 마음이었는데, 버스에 오르기 직전에야 얼굴을 본 것이다. 서울로 돌아오는 버스에서 "선생님 그리 우시면 몸 상해요"라고 주변 사람들이 걱정을 많이 했다. 내려오는 길 내내 창밖에는 부슬비가 끊이질 않았다.

—— 암이 갉아 먹는 몸으로 2차 송환을 기다리다

나는 지금 인천 근처에서 살고 있다. 무안에선 2000년 9월에 올라왔다. 언젠가 이루어질 2차 송환을 가까이서 준비하고 싶었다. 마침 1차 송환자들이 올라가면서 두 선생이 함께 살던 과천의 집이 비게 되었고, 남긴 보증금이 3000만 원이나 있었다. 덕분에 내가 그곳에서 기거하게 되었다.

그런데 얼마 안 있어 보증금을 올려 달라고 해서 봉천동 옥탑방으로 이사했다. 계단 때문에 올라가기는 힘들어도 서울대 근처이고 젊은 학생들도 더러 찾아와 정이 많이 들었다.

두 해가 지나고 이곳도 보증금을 올려 달라고 했다. 여기저기 3000만 원에 갈 수 있는 집을 알아보니 마침 부천 송내에 적당한 집이 있었다. 그래서 부천으로 이사해 지역 활동도 거들며 '민족21'*과 '범민련'** 경인연합' 고문으로 일을 했다.

이곳도 2년이 지나니 다시 세를 올려 달라고 했다. 이때 나도 요령이 생겼다. 서울에서 조금씩 멀어지면 싼 집을 구할 수 있었다. 부평에서 겨우 보금자리를 구했고, 여기서는 2년씩 네 번을 인상 없이 연장해 줬다. 8년이 지나고서 주인집은 사정을 많이 봐줬다며 다음 계약에는 세를 올려 달라고 했다.

돈을 늘릴 수 없는 나는 다시 서울에서 조금 더 먼 곳으로 이사를 했다. 마침 중국에서 조카가 한국으로 나와 장사를 하게 되면서 함께 살게 되었다. 그들이 1000만 원을 보태, 지금은 보증금 4000만 원에 방 두 개, 화장실 하나가 있는 다세대주택의 한 층을 쓰고 있다.

---

* '민족21'은 남북한이 함께 만드는 통일 전문 미디어기업을 목표로 2000년 8월 설립한 주식회사이다. 사업 영역은 언론, 출판, 전시, 홍보, 대북사업 컨설팅이며 매달 월간 《민족21》을 펴낸다. 2001년 3월 대한민국 최초로 평양에 특파원을 파견하여 최초로 남북 언론교류를 성사시켰다.('위키백과' 참고)

** 정식 명칭은 '조국통일범민족연합'이다. 7·4남북공동성명에서 천명한 자주, 평화통일, 민족대단결의 조국통일 3대 원칙과 6·15공동선언 정신에 따라 범민족적인 통일국가 수립을 목적으로 결성되었다. 1990년 독일 베를린에서 해외본부가 결성되었고, 1991년 북측본부, 1995년 남측본부가 각각 결성되었다.('한국민족문화대백과사전' 참고)

2020년 구술 당시에 박종린 선생은 거의 모든 일과를 침대에서 보낼 정도로 기력이 쇠했다. 그리고 오래지 않아, 선생의 별세 소식을 들었다.

나는 2017년 8월에 대장암 판정을 받았다. 고혈압과 당뇨병, 기관지, 천식까지 있는 상태다. 발병 초기에는 대장암 통증이 2~3시간 간격으로 와서 제대로 식사도 못 했다. 오늘도 암세포는 내 몸을 조금씩 갉아 먹고 있다. 기력도 하루하루가 다르다. 귀가 어두워져 이제는 대화마저 힘들다.

—— 두 개의 나라, 하나의 조국

여기까지가 남녘 동포에게 남기고픈 제 인생역정이었습니다.

남녘 동포들이 힘들게 일해서 내는 세금으로 매달 69만 원, 거기에다 요양 보호까지 받고 있으니, 돌아보면 남녘 동포는 제게 선물이고, 대한민국의 복지제도는 저를 지탱해 주는 큰 힘입니다. 다시 한번 마음속 깊은 인사를 전합니다

마지막 소원이 있다면, 1차 송환 때 못 갔던 10여 명의 동지와 판문점을 통해 북으로 가는 것입니다. 가서 눈길만 주고받은 외동딸 옥희 그리고 사위와 손주를 만나고 싶습니다. 어머니와 아내 묘소에도 참배하고 싶습니다. 고통만 안겨 주었으니 그렇게나마 사죄를 드리고 싶습니다. 일본 감옥에서 고생하셨던 아버지 박승진의 묘소에도 술 한잔 올리고, 당신 자식도 부끄럽지 않게 살았다고 고하고 싶습니다.

이 얘기를 구술할 때 '남북연락사무소'가 폭파되었다는 소식을 접했습니다. 역사는 희생을 먹고 나아간다고 하지만 가슴이 철렁했고 마음이 아팠습니다. 길게 보면 가야 할 길로 흘러가는 게 역사라 생각합니다.

저는 34년간 교도소에 있었습니다. 그저 북측의 지시를 전달하고 교도소 내에서 인권투쟁을 벌인 정도였습니다. 내게 내려졌던 징역 34년은 분단이 안긴 과도한 형벌이고, 양심과 사상을 옥죈 것이라 생각합니다. 제 죽음과 함께 이런 야만의 시대가 끝나길 소망해 봅니다.

제 마음에는 '대한민국'과 '조선민주주의인민공화국', 두 개의 나라가 있습니다. 그리고 '통일코리아'라는 하나의 조국이 있지요. 어서 하나의 나라가 되길 간절히 기원합니다.

1차 송환이 좌절되어 허망한 마음일 때, 송환된 장기수 환영행사에서 아내가 미친 듯 나를 찾아 헤매다 쓰려졌다는 소식을 듣고 그저 죽고 싶었습니다. 그때 한용운 선생의 시가 제 마음을 붙들어 주었습니다. 이 시를 나누면서 제 얘기를 마칠까 합니다.

「나룻배와 행인」이란 시입니다.

나는 나룻배

당신은 행인

당신은 나를 흙발로 짓밟습니다.

나는 당신을 안고 물을 건너갑니다.

나는 당신을 안으면, 깊으나 옅으나 급한 여울이나 건너갑니다.

만일 당신이 아니 오시면, 나는 바람에 쐬고 눈비를 맞으며 밤에서 낮까지 당신을 기다리고 있습니다.

당신은 물만 건너면 나를 돌아보지도 않고 가십니다그려.

그러나 당신이 언제든지 오실 줄만은 알아요.

나는 당신을 기다리면서 날마다 날마다 낡아갑니다.

나는 나룻배

당신은 행인

못다 한 이야기

- 이 글은 박종린 선생의 구술을 최대한 살려서 정리했다. 구술은 3차례에 걸쳐 이루어졌다.

- '모란봉 사건'은 당시 사건 기사를 통해 확인할 수 있다. '붉은별 사건'은 기사나 판결문을 구할 수 없어, 박종린 선생의 기억에만 의존해 썼다.

- 두 번째 구술하는 날 남북연락사무소가 폭파되었다. 그 뉴스를 말없이 지켜보던 박종린 선생은 본문에 기술한 것처럼 "역사는 희생을 먹고 나아간다고 하지만 가슴이 철렁하고 마음이 아프다. 길게 보면 가야 할 길로, 흘러가야 할 길로 가는 게 역사라 생각한다"고 느낌을 말했다.

- 박종린 선생은 끝내 북의 가족 품으로 돌아가지 못한 채 향년 89세를 일기로 2021년 1월 26일 별세했다.

양원진

신념을 지키고
정치적 삶을
완성하렵니다

"돌아보면 통일운동의 한길에 서 있던 삶입니다."

양원진

1929.9.8.	전라남도 무안군(현 신안군 지도읍 읍내리 169번지)에서 부친 양수성, 모친 김판례의 장남으로 출생
1942.	지도국민학교 졸업, 부친 따라 중국 베이징으로 가 쇼와(소화)일본 국민학교 고등과2년 졸업(8년제)
1945.3.1.	강제징용(북지파견군 1862부대 군속)
1945.9.	일본 항복으로 제대
1947.6.	전남 무안군 남조선노동당 일로면 지구당 입당
1949.	서울신흥대학(경희대학교의 전신) 외교과 편입
1950.7.	의용군 입대, 인민군 경비사령부 직속 106연대 24대대 3중대 중기대중기관총수 배치. 7월 초 군산에서 부친이 경찰에게 처형당함
1952.10.	조선노동당 입당
1953.10.	평양정치군관학교 입학
1954.9.	평양남도 남포시 남포조선소 공장의 노동부 노력수급 지도원 근무
1955.	대남 정치공작원으로 임무 수행
1960.6.	누나와 매형의 신고로 체포, 이후 무기징역 선고
1998.12.24.	29년 6개월 복역 후 형 집행정지로 출소
2009.~	범민련 경인연합, 범민련 남측본부, 양심수후원회, 서울평통사 고문, 전쟁전후민간인희생자전국유족회 고문, 전라북도보도연맹 희생자유족회 회장

내 이름은 양원진 올해 93세입니다. 한 해가 다르게 허리는 구부정하고 다리 힘은 빠져 예전 같지 않습니다. 그래도 충무로에 있는 조국통일범민족연합 사무실에 고문 자격으로 한 달에 한 번씩 나가서 젊은 동지들을 만납니다. 또 낙성대 만남의 집에도 종종 들러 장기수 선생들과 우정을 나누고 있습니다. 올해 봄에는 제주 4·3 추모행사에도 다녀왔습니다. 밥도 곧잘 해 먹습니다. 돼지 등뼈에 배추김치 넣고 끓여 세끼 밥 거르지 않습니다. 죽는 날까지 내 손으로 끼니를 짓고 내 발로 걸어 다닐 작정입니다.

지나간 날은 힘들었어도 다 아름다운 법이지요. 죽을 고비도 많이 넘기고 오랜 징역 생활을 했지만 눈을 감으면 아련한 추억이고 향기마저 느껴집니다. 기억이 더 가물가물해지기 전에 내 삶에서 남길 만한 이야기 몇 토막 적어 볼까 합니다.

—— 장기구금 양심수로 29년 6개월을 살다

나는 1960년 5월 신혼여행 중에 체포되어 1961년 8월 15일 대법원에서 무기징역 확정판결을 받았습니다. 30대에서 50대까지 인생의 황금 시기를 감방에서 보내고, 60대에 들어선 1988년 12월에서야 광주교도소에서 나왔습니다. 29년 6개월 동안 징역 생활을 한 셈이지요.

내 고향은 전라남도 무안군 지도면(지금의 신안군 지도읍)입니다. 일가친척들이 쭉 그곳에서 살았지요. 나는 서울에서 대학을 다니다 전쟁이 일어나 서울에 인민군이 들어왔을 때 의용군에 들어갔습니다. 정전협정 이후에는 군관학교에 들어갔다가 당의 요청으로 통일사업, 즉 대남공작사업을 하게 되었습니다. 그러다 세 번째로 내려왔을 때 체포된 것이지요.

징역 복이 많아선지, 대전교도소에 있을 때인 1965년에 10년 추가형을 받았습니다. 이미 무기형을 받은 터에 10년이 더 얹어지는 게 대수겠냐 생각할 수도 있지만 어쨌거나 형이 더해지는 것은 괴로운 일입니다.

제가 한 번 더 기소된 일은 참으로 원통합니다. 이름하여 '밀서 사건'입니다. 박정희가 집권한 후 교도소에서는 전향 공작이 극심했습니다. 내가 전향을 거부하자 가족 면회도 막고 아내에게는 "내가 북에 처자를 두고 내려왔다"고 이간질을 했습니다. 그런 상황에서 새댁이었던 아내는 2년 동안이나 나의 어머니를 모시고 살았지요. 편지와 면회가 계속 막히자 나는 답답하고 분했습니다. 때마침 출소자가 있어 그를 통해서 어렵게 편지를 전달하려 했는데 이게 그만 발각이 되었습니다.

　당시 서울시경 대공분실의 취조주임이었다가 중앙정보부 수사국 직원이 된 유○○이란 자가 있었습니다. 그는 대북 정보에 목말라 있었는데 내게 찾아와 "북에 한번 같이 들어가자. 그리고 감춰 둔 사실이 있으면 하나만 얘기해 달라"고 나를 여러 번 꼬드겼습니다. 그런데 내가 딱 잘라 거절하자, 그는 내게 안 좋은 감정을 가졌습니다. 유○○은 "조금만 더 참아 달라"고 아내에게 보낸 편지를 "북에서 공작금을 받아 오려는 시도였다"고 조작했습니다. 결국 나는 기소가 되었고 이 사건으로 10년의 추가형을 받았습니다.

　아내는 이 일을 계기로 자살까지 시도하다 어디론가 가 버렸습니다. 떠나는 아내를 잡을 길이 없었지요. 가슴 아픈 일은 이것만이 아니었습니다. 나는 재판 과정에서 방어를 위해 보안 과장에게 집필 신청을 했습니다. 그들은 종이와 볼펜을 줄 테니 '전향서'를 쓰라고 했습니다.

　사실 아내는 중매로 만났는데 신혼여행 중에 내가 체포되었으니 그녀에게 이런 날벼락이 없었지요. 게다가 사건을 조작해 본인까지 엮으려 하니 아내는 돌아 버릴 지경이었습니다. 나는 아내를 지키고 무죄를 소명하기 위해 종이와 펜이 필요했습니다. 그들이 내미는 종이에 읽어 보지도 않고 도장을 찍었지요. 그날 이후 나는 전향으로 처리되었습니다. 조작 사건으로

10년의 추가형을 받고, 아내는 떠난 데다가 사상의 순결성마저 잃었으니, 그 아픔은 두고두고 잊을 수 없습니다. 통일사업을 위해 한평생 살아온 제게 씻을 수 없는 오점이 되었지요.

재판 이후 나는 대전교도소 특별 사동으로 돌아가지 않고 서대문형무소로 갔습니다. 그리고 안양교도소를 거쳐 1969년 군산교도소로 갔지요. 지금이야 서해안 고속도로를 타고 서울에서 군산 오가기가 어렵지 않습니다만, 그때는 머나먼 길이었습니다. 언젠가 어머니가 크리스마스 때 면회를 오셨습니다. 서울에서 충남 서천의 장항역까지 기차로 오셔서, 장항여객터미널에서 밤을 지새우고 다음 날 첫 배로 군산교도소에 오셨습니다. 당시 나는 무급수여서 한 달에 한 번만 면회가 되는지라 어머니는 면회 제한에 걸려 교도소 담장 밖에서 서성거리셨습니다.

마침 친한 교도관이 이 사실을 귀띔해 주더군요. 당시 목공반에 있던 나는 연장통을 집어 던지며 "수정(수갑) 채워서 나를 집어넣어라, 어떤 사고가 날지 모른다"며 악을 썼습니다. 그랬더니 보안과 사무실에서 특별면회를 시켜 주었습니다.

아버지의 바람기에 평생 마음을 썩이셨고, 무안군 인민위원장을 한 당신 남편이 학살당하는 과정을 지켜봤던 어머니입니다. 밀서 사건 이후 며느리는 집을 나갔고 아들은 무기징역을 살고 있으니 어머니의 가슴은 매일매일 타들어 갔겠지요.

면회실에 들어서자마자 당신은 내 얼굴을 쓰다듬으며 "원진아, 원진아" 하고 우셨습니다. 서울에서 싸 오신 인절미와 고구마는 차디찬 돌덩이였지만 어머니는 입김으로 데워 가며 제 입에 넣어 주셨습니다. 인절미 한 입 베어 물고 어머니를 바라보며 울고 고구마 한 입 베어 물고 또 울던 그날을, 잊을 수가 없습니다. 돌아서 떠나시는 어머니의 작은 어깨에 서해바다의 겨울바람이 얼음 조각이 되어 촘촘하게 박혔습니다.

1970년 전주교도소로 이감을 갔는데 1973년부터 중앙정보부 주도로 '좌익수 전향 전담 공작반'이 생겨 교도소 분위기가 흉흉해졌습니다. 나는 저들에 의해 강제전향된 장기수와 함께 교무과에 항의했습니다. '경찰 방망이'를 치우고 전향 공작을 중단하라고 요구했지요. 이 요구를 받아들이지 않으면 우리는 '전향취소 선언'을 하겠다고 했습니다. 그렇지만 저들의 강제전향 공작을 몇 안 되는 우리 힘으로 막아 내는 것은 불가능했습니다. 동지들이 고문당하는 모습을 지켜보는 일은 그 자체가 고문이었습니다.

1977년도인가 광주교도소로 이감을 갔습니다. 거기서 강담 선생님을 만나서 1988년까지 12년 동안 같이 지냈습니다. 중앙정보부 직원이 88올림픽은 나가서 보라고 했는데 밖에서 나를 받아 줄 사람이 없었습니다. 다들 신원보증을 꺼렸는데 (죽은) 큰누나의 남편이 나서 주어 나는 1988년 12월 성탄절 특사로 강담, 박희성 선생 등과 함께 감옥을 나오게 되었습니다.

—— 통일사업을 위해 내려왔습니다

나는 1959년 통일사업을 위해 북에서 세 번째로 내려왔을 때 잡혔습니다. 그것도 작은누나의 신고로 체포되었으니 가슴 아픈 일입니다.

휴전 후인 1953년 가을, 나는 소대장 시절에 연대 추천으로 평양정치군관학교에 입학했습니다. 일차 선발된 남쪽 출신 1700명 중에서 다시 추려진 300명 안에 들었습니다. 유물론과 세계정치, 소련 공산당사를 배웠던 게 기억납니다. 말이 학교지 전쟁 직후 폐허 상태라 건물부터 지어야 했습니다. 책걸상과 기숙사 침대 등 모든 가구와 집기까지 우리가 만들면서 공부했습니다. 군관학교를 졸업할 즈음 나는 군대보다는 사회에서 전후 복구사업에 참여하고 싶어 제대를 희망한다고 했습니다.

제대 신청이 받아들여지며 교사로 배치될 뻔했는데 나는 마다했습니다. 입대 전 신흥대학(지금의 경희대학교)을 다녔습니다만 어거지로 편입한 거였고 공부도 부족한 터라 생산 현장에서 일하고 싶었습니다. 다행히 예전에 목포조선철강에서 일한 경력이 있어서 남포조선소로 발령을 받았습니다. 3000명 정원으로 경비정, 쾌속정, 어선, 목선을 만드는 큰 공장이었는데 내가 맡았던 것은 노력수급지도원, 여기 식으로 말하면 총무과나 노무과의 일이었습니다. 게다가 기숙사에서 '독신자 합숙 자치위원회 위원장'까지 맡았으니 밤낮으로 일에 묻혀 살았습니다.

3개월이나 되었을까? 하루는 조선소의 당 조직 부위원장이 부르더니 "정치사업을 해 볼 생각이 없냐?"고 묻더군요. 그 의미를 잘 몰랐지만 "조선소의 행정사무가 너무 많아 못 하겠다"고 했습니다. 그랬더니 "행정사무를 빼 주겠다"고 하더군요. 알고 보니 그 정치사업은 대남공작사업, 즉 통일사업에 투입되는 것이었습니다. 화선입당火線入黨*을 했던 나로서는 영광스러운 일이기에 기꺼이 받아들였습니다.

시당, 도당, 중앙당 심사를 거쳐 1955년 3월 5일 드디어 노동당 연락부에 소환되었습니다. 나는 전쟁 전에는 지하당 활동을, 전쟁 중에는 유격전을, 휴전 후에는 정치군관학교에서 이론 수업까지 받았으니 이미 다양한 경험을 쌓은 상태였습니다. 그래서 남파를 위해 배운 것은 주로 무선통신이었습니다. 나는 통신기술을 익히면서 휴대용 송수신기까지 직접 만들었습니

---

* 북한에서는 노동당에 입당하는 것이 큰 영예이며, 입당 요건과 절차가 엄격하다. 그러나 전쟁 중에는 약식으로 입당을 허용해 주었다. 이를 화선입당이라 한다.

다. 흥미도 있었고 손재주도 있어 미제, 일본제, 소련제의 회로를 보면서 고성능 무전기를 스스로 설계 제작한 것이지요. 담뱃갑 크기 정도인데 성능이 좋아 나진에서 목포까지 먼 거리의 송수신이 가능했습니다. 세 번째로 내려올 때 바로 이 장비를 가지고 내려왔습니다.

1959년 6월 25일 해주를 떠난 배는 6노트 정도 속도로 고향인 전라남도 신안군 지도면으로 향했습니다. 그런데 영광군 안마도 부근에서 불이 나는 바람에 7월 1일에나 목적지에 도달했습니다. 일주일이 걸린 셈이지요.

1, 2차 임무가 기성 첩보망과의 연락 업무였다면 3차 임무는 새로운 세포를 조직, 육성하는 것이었고 당에서는 내게 재량을 주면서 직접 계획을 짜 보라고 했습니다. 그래서 제 고향 신안군을 택했습니다. 도착하니 고모님은 돌아가셨는데 고종사촌들은 나를 숨겨 주고 도와주려 했습니다. 내려올 때 계획은 외사촌 동생 3명을 조직하는 거였는데, 외삼촌 집안이 살길을 찾아 서울로 가 버렸더군요. 처음부터 계획이 어긋났습니다.

그래서 나를 아는 사람이 없는 경상도 쪽으로 가서 길게 내다보고 사업을 하려 했습니다. 그런데 내려올 때, 달러는 많았는데 남쪽 돈은 조금밖에 없었습니다. 그래서 작은누나에게 부탁해서 달러를 바꾸려고 했습니다. 누나와 매형은 함께 좌익

운동을 했고 오랫동안 징역을 살다가 형집행정지로 출소해 아버지가 세운 임옥소주를 운영하고 있었습니다. 북에서 내려올 때 소주회사가 잘되면 사상이 달라졌을 수 있으니 "접촉을 신중히 하라"는 당의 당부를 받았지만 돈을 바꿔 주는 정도야 괜찮겠지 생각하고 고종 누이를 통해 연락했습니다. 나는 약속 날짜에 신안군 두류산 언덕에 올라가 작은누나가 오게 될 외길을 살피며 안전을 점검하려 했습니다.

그런데 작은누나는 편지를 받자마자 곧바로 전남도경찰국에 신고를 했고 경찰이 들이닥쳐 고모네 집에서 체포되고 말았습니다. 작은누나가 원망스러웠지만 이해도 되었습니다. 해방 후 좌익활동으로 징역을 살며 고생하기도 했고, 내게 조카인 자식들 앞날을 생각하면 그럴 수 있다고 생각했습니다. 1959년 당시는 1958년에 통과된 신국가보안법이 발효된 살벌한 때였습니다. 누나는 막내 출산을 앞두기도 했었고요.

나는 수사를 받으면서, "자수를 위해 누나한테 연락했다"라고 하면서 북쪽에서 미미한 직책에 있던 것으로 진술했습니다. 다음 접선에 대해서도 적극 협조하는 척했습니다. 내 머릿속에서 '가상의 접선 작전 1, 2, 3'을 설계하고 이를 토대로 전남도경이 생포 작전을 펼치게끔 한 것이지요. 물론 결과는 뻔했지요. 현장에 가 보면 실체가 없었으니까요. 모든 '비상선' 접촉이 실패하자 그들은 나를 의심하기 시작했습니다.

그때 나는 "대천 해수욕장 앞바다에 있는 다보도로, 나를 데리러 공작선이 온다. 그들을 해안가로 끌어들이겠다"고 했습니다. 도경은 속는 셈 치고 병력을 동원했는데 당시 사찰계 경감 박○○이 무슨 의도인지 바닷가에서 조명탄 발사시험을 했습니다. 그 시험 발사로 모래바람이 일자, 어선 같은 쾌속정 하나가 다보도를 한 바퀴 돌고 북쪽으로 사라져 버렸습니다. 우연인지 모르겠으나 정황상 나의 진술이 사실이고 '조명탄 시험 발사'로 놓치게 된 상황이 되었습니다. 결국 나는 불기소 의견으로 검찰에 송치되었고 공소보류 처분으로 풀려났습니다.

석방이 되자 나는 뒷산에 감춰 둔 무전기를 찾아와 라디오 부품을 이용해 수신기를 만들었습니다. 그간의 경과를 모르스 부호로 보고하고 활동을 재개했지요. 그때 어머니는 결혼을 서둘렀습니다. 약학과를 졸업한 아홉 살 어린 아가씨와 선을 보게 돼 벼락 결혼을 올렸습니다. 주변에서 반대가 심했지만 나를 사윗감으로 만족해하던 장모는 "그런 사람은 장가도 못 가냐?"며 우리 집보다 적극적이었습니다. 그렇게 인연이 되어 1960년 5월 27일 군산여고 강당에서 장가를 올렸습니다.

그런데 경주로 신혼여행을 간 사이에 일이 터졌습니다. 매형이 "양원진이 석방된 이후에도 계속 활동을 한다"고 신고를 한 겁니다. 임옥소주는 아버지가 하시던 사업인데 '내가 인민군으로 입대해 소식이 끊기자' 매형이 이어받아 운영을 하고 있었습니다. 그런데 내가 나타났고 결혼까지 해 가정이 생기니 회사를 돌려 달라고 할까 봐 누나와 매형이 속을 끓였던 것입니다. 그러면서 내 행동을 은밀하게 관찰했던 모양입니다. 신혼여행으로 집을 비운 사이 경찰은 가택수색을 했고 달러 뭉치와 무전기가 나오자 나는 다시 체포되었습니다.

간판이 무역회사 남일사라고 되어 있는 서울시경 대공수사반에서 한 달 반가량 조사를 받았습니다. 내 무전기 기술이 탐나서인지 여러 회유가 들어왔습니다. 미국 CIA에서는 평양에 한 번만 들어갔다 오면 미국 시민권을 주겠다, 공군 특무대는 문관으로 채용하겠다, 시경에서는 경찰관으로 특채하겠다고 했지만 교도소에 갈 각오로 모두 거부했습니다. 결국 1960년 7월 서대문형무소에 갇혀 1년에 걸친 재판 끝에 1961년 8월 15일에 무기징역 선고를 받았습니다. 그로부터 길고 긴 30년 징역 생활이 시작된 것입니다.

—— 유격전보다 재귀열병이 더 힘들었습니다

내 인생에서 동존상잔의 비극, 그 한가운데 서 있던 사연도 빼놓을 수 없겠네요. 그때 몇 번의 죽을 고비를 넘겼습니다. 나는 원산 부근의 동부전선 갱도에서 휴전협정 소식을 접했습니다.

1943년 나는 열다섯 살 때 아버지를 따라 작은어머니(아버지의 둘째 부인)가 있는 북경으로 갔습니다. 당시 북경도 일본군 점령하에 있었지만 항일운동으로 고향에서 일본 경찰에 쫓기던 아버지는 그곳으로 스며들어 살길을 찾아보려 했습니다. 열일곱 살 때인 1945년에는 소화일본국민학교를 마치는 졸업식장에서 일본군 군속으로 끌려갔다가, 그해 8월 일본이 패망하자 제대하고 아버지와 함께 목포로 돌아왔지요. 광주사범학교를 나와 학교 선생을 했던 아버지는 제자들과 주민의 추대로 무안군 인민위원장이 되었습니다. 문태중학교에 들어간 나도 미군정 반대투쟁을 했습니다. 미군정이 인민위원회 해산령을 내리자 아버지는 수배 상태가 되었고 나도 같이 군산으로 피신을 갔습니다. 1948년 단독정부가 수립되고 이승만이 군대를 강화하면서 젊은 남자는 징병을 당하는 처지가 되었습니다. 나는 입대를 미루기 위해 대학교 입학을 생각했습니다. 당시 대학생은 26세까지 입영을 연기해 주는 제도가 있었는데, 나는 고등학교도 마치지 못했지만 가짜로 서류를 꾸며 1949년 12월 신흥대학(현 경희대학교) 외교과에 편입을 했습니다. 1950년이 되자 학기제가 바뀌어 3월이 되면서 곧바로 2학년이 되었지요.

그런데 그해 6월 25일을 기해 전면전이 벌어졌고 나는 서울에 진입한 인민군에 지원했습니다. 을지로 6가에 있던 한양공대에 가서 머리를 깎고 군복을 받았습니다. 입대자 1500명

중에서 18명을 따로 선발해 중기관총수를 임명했는데 내가 거기에 뽑혔습니다.

인민군의 기관총은 소련제 막심중기관총으로 무게가 34킬로그램이나 나갔습니다. 그런데 총탄 보급이 원활치 않아 내게 미국제 LMG 기관총이 지급되었습니다. 250발 탄창에 30킬로그램으로 조금 가벼운 편이어서 신병인 나로서는 좋았습니다. 원래 기관총은 차량에 걸어 이동하는 것이 맞지만 유격전 기간에는 차량을 운행할 수도 없고 강원도 산간 지형에 맞지도 않아서 장거리 행군 시에는 배낭에 짊어지고 짧은 거리는 어깨에 메고 갔습니다. 전쟁 기간 내내 그렇게 행군하느라 고관절과 무릎관절이 상해 지금까지 고생하고 있습니다. 보병전에서 기관총이 있고 없고는 사기에서 하늘과 땅 차이입니다. 250발이 불과 몇 분 사이에 두두두 하고 날아가면 웬만한 장갑차량도 저지할 수 있습니다. 실제 충청도 전장에선 이런 전과를 올렸지요. 이렇듯 기관총은 공격할 때 기선을 제압함은 물론 후퇴할 때는 방어선을 지키는 강력한 무기입니다. 그래서 나는 특별한 사명감을 가지고 있었습니다.

나는 전선경비사령부 직속 106연대 24대대 3중대 중기사수가 되어 아산 둔포 지역에서 서해안 방어 임무에 투입되었습니다. 온양이나 충청도 내륙으로 들어가 몇 번의 전투를 치렀습니다. 그런데 맥아더의 인천상륙작전을 뒤늦게 통보받은 우리 부대는 차령산맥과 태백산맥을 타고 후퇴 길에 올랐습니다.

전선이 무너지니 보급마저 끊겼습니다. 하복 차림으로 가을을 맞아 모두 추위에 고생했습니다. 어렵게 재봉틀 일곱 대를 확보했는데 제대로 작동이 되지 않아 쳐다만 보았습니다. 나는 거의 뜯다시피 해서 다시 조립하고 석유칠을 했습니다. 그랬더니 부드럽게 돌아가서 깊숙한 골짜기에 옮겨 놓고 엉덩이까지 덮는 솜옷을 지어 입었습니다. 스스로 겨울옷을 만들어 추위를 이겨 냈으니 큰 기쁨이었지요.

그때 남북을 오가며 인제, 홍천, 횡성 등에서 유격전을 계속하다가 경북 영주 남대리까지 내려갔을 때 본부로부터 3개월 휴식명령을 받았습니다. 후방으로 가기 위해 인제를 거쳐 1951년 4월 평안북도 청천강에 도착했습니다. 그때부터 쌀 보급이 나아졌습니다. 그런데 제공권을 뺏긴 상태에서 앞날이 어떻게 될지 몰라 나는 남은 쌀을 많이 지고 움직였습니다. 나는 식량 보급도 담당했던 터라 쌀 한 톨을 소중히 여기는 게 몸에 배어 있었습니다. 쌀을 잔뜩 멘지라 땀을 많이 흘려서 청천강을 건너 어떤 우물가에서 몸을 씻는데 갑자기 몸이 떨렸습니다. 땀이 식을 때 오싹하는 정도가 아니라 몸이 오들오들 떨리며 다리에 힘까지 쭉 빠졌습니다. 둘러보니, 나만 그런 것이 아니고 우리 대원들이 여기저기서 시름시름 앓고 있었습니다. 그때 '이게 재귀열이라고 불리는 병이구나! 말로만 듣던 세균폭탄을 맞은 것인가?' 하는 생각이 들었습니다. 문득 비행기 꼬리에서 하얀 연기인지 가루인지가 며칠 내내 뿌려졌던 게 기억났습니다.

　나중에 알게 된 사실이지만 1952년 당시 75개 회원국으로 구성된 세계평화회의는 세균전 논란에 대해 국제과학조사단을 구성, 중국과 북한에서 현지 조사에 나섰습니다. 조사단은 "세계만방 인민들의 공통된 비난을 무릅쓰고 이러한 반인륜적인 죄악을 저질렀다는 사실을 본 조사단은 논리적인 절차를 하나하나 밟으면서 아래의 결론에 도달하지 않을 수 없었다. 북한과 중국의 인민들은 실제로 세균이라는 무기의 표적이 되었다. 이들 세균무기는 각종의 다양한 방법이, 그중에는 2차대전 시 일본이 개발하고 사용하였던 방식도 포함하여, 미합중국 군대에 의해 사용되었다"라고 그 결과를 밝힌 바가 있습니다. 미국은 이 보고서의 내용을 과학적이고 설득력 있게 부인하지 않은 채 해당 보고서가 중국에서 발행됐다는 점을 들어 그저 "공산주의자의 흑색선전"이라고 일축했습니다.

　20여 일 앓고 차츰 나아 회복기 중대에 있다가 9사단으로 원대 복귀하던 중에 황해도 해주에서 6군단에 편입되었습니다. 당시 나는 9사단에 긍지를 갖고 있었지만 내가 열병을 앓고 있는 사이에 개성으로 이동을 한 상태였습니다. 전쟁으로 혼란스러운 상태여서 "군관들은 원대복귀를 하고 하사관과 병사는 주변 부대에 편입된다"는 방침에 따라 소속 군단이 바뀌어 버린 것입니다.

6군단에 편입되어 나는 평안남도 양덕군 온천면에 있는 100명 정도 규모의 운수 중대에 들어갔습니다. 몽골에서 원조한 야생말을 압록강변 의주에서 군마로 조련을 했지요. 훈련이 잘 된 말을 여러 부대에 보냈습니다. 그 후 74필의 말을 훈련시켜 1951년 11월에 동부전선으로 이송하던 중 마식령에 이르러 미군 전투기의 기총소사를 받았습니다. 말들은 도망가려고 날뛰다가 논 한가운데로 들어가 자빠졌습니다. 마차에 실었던 소금이 녹아 버리고 보급물자는 엉망이 되었습니다. 기진맥진해 자포자기 심정이 들었는데 폭격과 기총사격이 계속되었습니다. 내 옆에 있던 병사는 허리에 관통상을 입었고 나는 팔에 기관총을 맞았습니다. 기어서 도망가다가 비탈길에서 굴렀습니다. 거기가 마침 은신할 만한 곳이라 붕대를 감아 지혈했지요. 총상을 입으면 파상풍을 조심해야 하는데 부근에 중국인민해방군 부대가 있어서 주사를 맞았습니다. 재귀열병에 이어 두 번째 죽을 고비였던 셈입니다.

부상을 치료한 뒤에는 전선사령부 직속 예비연대 하사관 교도대대에 편입되었습니다. 당시 병사들은 부족했지만 하사관은 여유가 있어 별도로 교도대대가 만들어진 것입니다. 여기서 동부전선 내금강 지역으로 배치되어 갱도 작업을 했습니다.

"아이젠하워가 청천강에서 원산을 기준으로 인민군의 허리를 자르겠다고 한다"는 얘기가 돌던 때여서 원산 부근의 동부전선 갱도 건설은 중요한 작업이었습니다. 열 사람이 1개 조로 굴을 파 몇 개월을 버틸 수 있을 정도로 공간을 만들었습니다. 거기서 나는 1등을 했습니다. 덕분에 중간 총화할 때 혼자 주석단에 앉았지요.

1953년 3월 초, 다시 내게 어려움이 다가왔습니다. 심근 류마티스, 즉 심장판막증을 앓았습니다. 20여 일을 병원에서 누워 지냈는데 몸이 좋아지는 듯했지만 퇴원은 안 된다고 하더군요. 다시 20일을 더 있었습니다. 여전히 안정이 필요하다고 하는데도 나는 군장을 꾸려 회복기 중대로 갔습니다. 거기서 중대장을 맡아 50명 정도의 인원을 인솔하고 전선으로 나갔지요. 강원도 길은 대개 하나밖에 없는데 우리 인원이 소부대여서 야간행군이 원칙이지만 낮에 행군을 시도했습니다. 그런데 마침 우리를 앞서가던 마차부대가 행군을 하면서 먼지를 일으켰고 이를 본 비행기의 공격을 받았습니다. 야간행군을 하라는 원칙을 어겨 희생을 당하면, 피할 수 있던 피해를 불러온 것이어서 비상사고로 평가됩니다. 그 경우에는 지휘관이 책임을 져야 합니다. 나는 대오를 적절하게 분산시켜 겨우 참사를 면했습니다.

1953년 7월 27일 정전협정 발효 12시간 전에 갱도 밖으로 절대 나오지 말라는 비밀 무전이 내려왔습니다. 협정 몇 시간 전까지 격렬한 포 사격이 벌어진 후 일순간 포성이 멎었습니다. 정적이 흐른 후 풀벌레들이 울기 시작했고 갱도에서 살아남은 사람들이 고지 밖으로 나왔습니다. 우리는 최고사령부 명령인 정전협정 준수사항 열 가지를 받아 적었습니다. 그리고 민둥산 고지에서 남은 탄약을 사흘 동안 2킬로미터 밖으로 옮겼습니다. 그때가 폭 4킬로미터, 길이 155마일(약 249킬로미터)의 비무장지대가 탄생하는 순간이었습니다. 나는 살아남았다는 것이 기뻤습니다. 둘러보니 고지마다 폭격에 나무들은 다 산산조각 나고 바위는 으스러져 상처투성이였습니다. 전쟁의 포성이 멎어서인가요. 지하 갱도에서 몸에 바짝 달라붙어 있던 말라리아 기운이 고지 밖에서 햇빛을 쬐니 씻은 듯이 사라졌습니다. 전쟁이, 동족상잔이 끝나고 평화가 온 것이 실감나더군요.

—— 수양딸을 얻어 가족을 꾸리고 다시 투쟁으로

1988년 12월 광주교도소 문을 열고 나온 후 나는 서울로 올라왔습니다. 작은누나 집에서 5년간을 살았습니다. 사실 검거가 된 게 누나의 신고 때문이니 우리 남매에겐 앙금이 깊었습니다. 하지만 출소 후 오갈 데 없는 나를 누나가 품어 줬고 나는 그 집에서 살며 앞으로 살아갈 궁리를 하였습니다. 화해한 셈이지요. 그런데 나를 반긴 건 작은누나 말고도 또 있었습니다. 경찰이었습니다. 광주에서 출소했으니 그쪽 담당 형사가 한 달에 한 번, 나중에는 세 번씩 만나자고 하더군요. 그렇게는 못 내려간다고 버틴 덕에 서울 성북경찰서에서 나를 담당하게 되었습니다. 이들에게 사찰을 받다 보니 작은 감옥에서 큰 감옥으로 옮겨 왔을 뿐이라는 생각이 들더군요.

출소했을 때 발등의 불은 먹고사는 문제였습니다. 30년을 갇혀 살았지만 아직 육십의 나이고 몸은 쓸 만했습니다. 같이 징역 살았던 사람 소개로 석수역과 시흥역 사이에 있는 '동양철선'이라는 공장에 들어갔습니다. 철선 중에 가벼운 게 100킬로인지라 팔목 인대가 버티지를 못해 결국 그만두었습니다. 그 후 외가 쪽 동생이 운영하는 경운수산에 들어갔습니다. 컵라면에 들어가는 어포를 농심, 삼양, 오뚜기에 납품하는 일이었지요. 제법 회사가 돌아갔는데 사장이 풍을 맞는 바람에 사직을 하게 되었습니다.

그때 잠시 짬을 내 피아노조율사 자격증을 취득했습니다. 조율만이 아니라 수리도 할 줄 알아야 딸 수 있는 자격증이었습니다. 같이 열심히 공부했던 사람들이 5~6명 있었는데 모두 떨어지고 나만 붙었습니다. 그때 나는 인천 삼능교회 영선부장을 맡고 있었는데 피아노 조율은 돈벌이도 되고 여러 교회에서 자원봉사도 할 수 있기에 딴 것입니다.

그즈음 강담 선생이 다니는 건축회사가 6층짜리 빌딩을 많이 지었는데 잠시 그중 한 빌딩의 관리소장을 맡기도 했습니다. 그러다가 1999년 동방에너지에 입사했지요. 그곳 사장이 나를 좋게 봐서 자격증도 없는 늙은이에게 같이 일을 하자고 했습니다. 발령을 받은 곳이 881세대가 있었던 평택 안중읍이었고 특별한 인연이 된 곳입니다. 나중에 도시가스에 밀려 회사가 2007년에 망했지만 그곳 주민들이 나를 좋아해 아파트 경비로 몇 년 더 일을 하게끔 도와줬습니다.

수양딸 강태희도 그곳에서 만났지요. 당시 아파트 노인정은 회장파와 부회장파로 나뉘어 분위기가 안 좋았습니다. 내가 총무를 맡아 양쪽의 화해를 도모했습니다. 그때 아파트 주민이었던 강태희가 노인정으로 자원봉사를 왔고 자기 돈으로 20킬로그램짜리 쌀도 두 번이나 사다 놓곤 했습니다. 그런 마음을 좋게 보고 있던 차에 강담 선생을 비롯해 다른 장기수 선생이 놀러 오면 같이 자리를 하곤 했습니다. 주변에서 두 사람이 보기 좋으니 "딸이나 삼으라"는 얘기가 나왔고 강태희가 이를 받아들여 수양딸이 되었습니다.

그 후 강태희와 많은 이야기를 나눴고 딸은 내 삶을 이해하고 받아들였습니다. 집회나 행사에 참석하러 서울에 오면 꼭 낙성대 만남의 집에 들러, 장기수 선생 빨래도 해 주고 김치나 나물 반찬을 만들었습니다. 그런 딸을 지켜보는 내 맘은 흐뭇

했습니다. 나중에는 금강산도 같이 다녀오고 행복한 추억을 많이 만들었습니다.

나는 생계를 해결하는 한편 통일운동 전선을 찾아 나섰습니다. 2010년부터 조국통일범민족연합(경인연합에 이어 남측본부)의 고문이 되어 한 달에 한 번씩 회의에 참석하고 있습니다. (서울) '평화와 통일을 여는 사람들'의 고문도 함께 맡고 있습니다. 젊은 회원들과 함께 미 대사관, 국방부, 정부종합청사 앞에서 '한미합동군사훈련'을 반대하는 시위를 했지요.

양심수후원회에서 직책을 맡은 건 아니어도 양심수후원회가 주관하는 신년하례회나 총회, 역사기행에 빠지지 않았습니다. 감옥 안에서 면회는 물론 편지까지 금지되고 전향 공작을 받을 때 양심수후원회 같은 단체가 있었으면 어땠을까 하는 생각을 많이 했습니다. 그 외 '고난 함께'나 '코리아연대'의 동지들과도 뜻을 같이하고 연대의 마음을 나누고 있습니다. '6·15 산악회'도 빼놓을 수 없겠네요. 이 동지들 덕에 늙은 몸을 이끌고 천하 명산을 구경하고 정상에 올랐습니다.

여기까지가 내가 한평생 통일운동에 몸을 담으면서 살아온 곡절 많은 인생 얘기 몇 토막입니다. 묘하게도 나는 사회주의자이면서 기독교인입니다. 모태신앙인 까닭도 있지만 사회주의는 인간의 평등을 위한 사상이고 기독교는 인간의 구원을 위한 가르침이기에 저는 두 신념을 모두 존중했습니다. 내가

광주 5·18민주묘지를 방문한 장기수 선생들. 왼쪽부터 강담, 박희성, 양희철, 김영식, 양원진 선생.

노동당에 입당할 때 종교를 갖고 있는 게 걸림돌이었습니다만 모두 인간을 위한 길이라고 당당하게 말했습니다.

이제 아흔이 넘은 몸으로 남은 삶이 얼마나 될지 알 수 없습니다. 앞서도 얘기했지만, 몸 하나 뉠 수 있는 임대아파트라도 있으니 죽는 날까지 내 손으로 밥 끓여 먹고 통일운동의 현장에 빠지지 않고 걸음할 작정입니다. 내가 옆에 서 있기만 해도 젊은 사람들에게 힘이 될 거라 믿고 있기 때문입니다. 나는 2차 송환 희망자 목록에 진즉부터 이름을 올렸습니다. 고향이 북쪽이 아니고 거기에 가족도 없지만 죽음은 북쪽 땅에서 맞고 싶습니다. 그것이 제 정치적 삶을 완성하고 인생을 마무리하는 길이라고 생각하니까요. 모두 고맙고 또 고맙습니다.

못다 한 이야기

• 이 글은 양원진 선생이 필자에게 2021년 5월 두 번에 걸쳐서 생애를 들려준 것을 토대로 기록했다. 빈 부분은 양원진 선생의 구술자서전 『곡절 많은 한 생을 살아오며』(민가협양심수후원회 편)을 참고했다. 양원진 선생의 자서전에는 유○○과 박○○의 본명이 나온다. 이들에 대해선 필자가 사실 확인의 어려움이 있어서 이 글에서는 이름을 밝히지 않았다.

• 본문에서 세균전에 관한 부분은 《오마이뉴스》 2001년 6월 14일자 강성관 기자의 「무등산에서 미군 세균전했다」라는 제목의 글을 참고했다. 이 기사 뒷부분에는 미

군 제1해병 비행대대 참모장 슈어 대령의 자백을 인용한 《상하이 데일리 뉴스》의 1953년 3월 1일자 기사 주요 내용을 소개하고 있는데 그 내용은 다음과 같다.

"한국전쟁에서 일반 세균전 계획은 1951년 10월에 통합참모본부(당시 리지웨이 대장)에 의해서 이루어졌다. 그달에 통합참모본부에 의해 소규모 실험적으로 시작되었던 세균전을 점차 규모를 확대하여 한반도 전체에서 착수하도록 전달했다. 이들 지역은 최소한 10일 간격으로 재오염시킬 예정이었다. 작전은 콜레라 폭탄을 사용하였으며 6월 첫 주에 개시되었다. 적의 영토 상공에서 안전을 강화하기 위해서 세균폭탄의 투하 후까지 네이팜탄을 기내에 남겨 두었다. 그것은 비행기가 추락할 경우 거의 확실하게 증거를 인멸하기 위한 것이었다."

이 내용에 따르면 세균폭탄 투하는 1951년 후반부터 본격적으로 시행된 것이어서 양원진 선생의 진술과는 시차가 있다. 여기서는 양원진 선생의 기억을 토대로 서술했다.

- 《경향신문》 1960년 8월 21일자 기사에는 양원진의 고종사촌 네 명이 기소된 사건이 실려 있다. 기사는 "서울지검 김세배 검사는 20일 상오 나익환, 나찬영, 나옥자, 나지환 등 일가족 4명을 신국가보안법 9조(불고지죄) 위반 혐의로 무더기 기소했다. 이것은 신국가보안법 발효 이후 동법 9조가 적용된 최초의 케이스"라고 보도했다.

박순자

이름이 셋인 여전사,
그녀의 마지막 소원 두 가지

"지리산의 함성을
기억하고 또 기억합니다"

박순자

박순자는 1953년 12월 하순이 가까워서야 남은 대원 여덟 명과 지리산 내대리 다래골에 도착했다. 돌아오는 길은 험난했다. 한 달 전인 11월 21일 스물여덟 명의 이영회부대는 지리산 상봉골을 출발, 의령군 경찰서를 기습공격했다. 의령군을 일시 점령했지만 군경의 반격이 거세 서둘러 퇴각했다. 추격을 이리저리 따돌리며 지리산을 바라보는 산청군 신등면에 다다랐을 때는 27일이었다. 멀리 보이는 경호강만 건너면 지리산 줄기를 탈 수 있건만 토벌대의 경계가 삼엄했다. 이영회 대장이 선두에서 대오를 끌고 나갔고 위생병으로 출진했던 박순자도 숨죽이며 뒤를 따랐다. 부대가 사정리에 발을 디딜 때쯤 매복해 있던 서남지구경비사령부 5연대의 총탄이 빗발쳤다. 결국 앞장서 나아가던 이영회가 전사하고 말았다. 박순자가 속한 박근실 소小부대는 서둘러 퇴각했다. 산청군의 집현산 쪽으로 내려가 남강을 건너 지리산으로 들어가려 했는데 이쪽도 방어망이 철통같았다. 다시 북으로 방향을 틀어 합천군의 황매산까지 올라갔다가 생초면을 거쳐 상봉골을 떠난 지 한 달 만에야 겨우 돌아온 것이다.

대원 절반에 부대장까지 잃고 돌아왔건만 지리산의 상황

은 더 심각해져 있었다. 1953년 7월 휴전협정이 맺어지자 서남지구경비사령부(사령관 김용배 준장)는 203·205·207 연대, 그리고 전남·전북·경남 3개 도의 경찰병력까지 동원해 지리산의 주요 능선과 골짜기에 대한 공세를 강화했다. 1953년 12월 1일부터는 국군 5사단까지 합세하니 피할 곳도, 이동할 길목도 거의 없는 상태였다. 빨치산의 세가 강할 때는 나무 하나에 빨치산이 하나라고 했는데 지금은 나무 하나에 국군 하나의 형세였다. 남아 있던 곽창학, 천일제 두 소부대는 무너져 버렸는지 선이 닿지 않았다. 함께 출진했던 안용인 소부대도 마찬가지였다. 박순자와 대원들은 여러 날 밤을 새워 이동하며 배를 곯았는데 안정된 터를 잡기가 어려웠다. 힘겹게 청학동에 다다라 비장해 놓은 쌀로 밥을 짓고 막 첫술을 뜨려는데 함성과 총소리가 났다. 모든 대원은 밥알을 쑤셔 넣으며 비상선(부대가 흩어졌을 때 다시 집결하기로 정한 장소)도 정하지 못한 채 흩어졌다. 그날 박순자는 입산해서 처음으로 혼자가 되었다. 어딜 둘러봐도 토벌대뿐이었다. 1950년 9월 스무 살에 입산해 네 번째 맞는 겨울, 홀로 맞닥뜨리게 된 추위는 매서웠다.

—— 빨치산이 된 하동의 댕기머리 소녀

1931년생인 박순자는 하동군 횡천면에서 3남 1녀의 막내로 태어났다. 박순자의 집안은 하동군에서 이름난 박참봉댁이었다. 밀양 박씨인 그네 집안의 고향은 전라도였는데 부친이 스물다섯 무렵 섬진강 변에 터를 잡아 농사를 일궜고 머슴을 둘 정도로 기반을 잡았다. 부모님은 박순자에게 머슴을 반말로 대하라고 했는데 박순자는 어린 나이에도 이것이 못마땅해 존댓말을 쓰고 음식도 몰래 갖다 주었다.

그런 박순자를 빨치산 투쟁으로 이끈 인물이 종조카 박동규였다. 1949년에 체포되어 서대문형무소에서 숨진 탓에 자세한 행적은 남아 있지 않은데 그는 해방 전부터 부산을 거점으로 지리산과 서울을 오가며 항일투쟁을 했다. 그의 영향으로 박순자와 박순자의 오빠들은 항일의식을 키웠다.

해방이 되었을 때 일본 경찰은 건준* 하동군지부가 경찰서를 접수하려는 걸 거부하고 청년 세 명을 사살하며 저항하다 8월 20일 돌연 사라져 버렸다. 박순자의 오빠들은 이때 마을 청

---

* 해방 이후 여운형을 중심으로 하여 조직한 정치 단체. 해방 직후 조선총독부의 권한을 이양받아 질서를 유지하고 정부 수립을 추진한 준비기관이다. 좌익 성향의 조직이었으며, 미군정 시대 이후 해체되었다.

년들을 모아 8월 27일 결성된 건준의 하동군지부 치안유지회에 들어갔다. 9월 6일 조선인민공화국*이 수립되면서 하동군 건준도 다른 지역처럼 9월 15일 하동군 인민위원회로 개편되었다. 하지만 9월 8일 진주한 미군이 건준에 의해 수립된 조선인민공화국을 부정하자 지하활동이 불가피하게 되었다. 오빠들은 박순자에게 쪽지 심부름을 시켰다. 박순자는 방물장수로 꾸미고 10리 밖까지 걸어가서 다시 쪽지를 받아왔다. 엄마는 바느질과 길쌈을 배우라 성화였지만 박순자는 오빠들의 연락병 노릇에 열중했다. 1947년경 서북청년회**가 하동군에 모습을 드러내면서 오빠들은 몸을 피해 야산대가 되었다. 박순자는 야산대를 돕다가 1948년 단독정부 수립 반대 투쟁이 벌어지면서 탄압이 드세지자 박동규와 선을 대 부산으로 몸을 피했다.

박순자는 부산에서 과자 공장과 베 짜는 공장을 다녔다. 2년이 다 될 무렵인 1950년 6월, 고향 소식이 궁금해 그녀는 가짜 도민증을 마련해 기차를 타고 진주로 갔다. 분위기는 흉흉했다. 토벌대가 매일 지리산에서 빨치산의 목을 베는데 한 트럭이나 된다는 얘기가 돌았다. 그는 조심스레 하동 가는 버스를 타고

---

*　건준이 중심이 되어 수립한 임시정부로, 실제 정부 구성을 이루지 못하고 미군정 수립 이후 와해되었다.

**　북에서 월남한 청년들 중심으로 1946년에 조직된 단체로, 좌익에 대한 공격에 앞장섰다.

북천면의 동조자 집으로 가 하룻밤을 묵었다. 다음 날 새벽 집으로 들어서니 올케들은 오빠들을 찾느라 경찰의 눈이 시뻘건데 아가씨가 나타나면 집안이 다 죽는다며 옷가지와 돈을 쥐어주며 등을 떠밀었다. 할 수 없이 박순자는 야산대에게 은밀히 밥을 해 줬던 청암면의 지지자 집을 찾아가 며칠을 숨어 지냈다. 그러던 중 갑자기 경찰과 서북청년단이 사라졌다는 연락을 받았다. 방호산의 인민군 6사단이 충남을 거쳐 호남에 진출할 즈음이었다. 박순자는 하동 읍내로 나가 여성연맹 활동을 시작했다. 그러길 몇 달, 맥아더의 인천상륙작전 이후 인민군이 후퇴할 때 그는 지리산으로 입산해서 하동군 여성연맹 조직부장과 위원장으로 활동했다. 1953년 3월에는 경남도당의 조직지도원이 되었다. 그가 지리산에서 맡았던 보직은 당 사업 부문과 사회단체였는데 전투에도 자원해 악양면 보급 투쟁은 물론 덕산, 청암, 옥종, 화개, 단성 등 지리산 전역에 걸친 투쟁에 빠짐 없이 위생병으로 참가했다.

여자 빨치산 박순자는 지리산에서 애로가 많았다. 가파른 비탈길을 걷고 빠른 행군속도를 좇아가야 했다. 이동 중에 소변이 마려워도 남자 대원은 돌아서면 그만이지만 여자 대원이니 그럴 수 없었고 대오를 멈출 수도 없었다. 머리는 짧게 자르고 목소리 또한 낮춰야 했다. 여자 빨치산이 섞여 있다고 판단되면 토벌대가 약한 고리라 보고 추격이 집요했기 때문이다.

생리대로는 부대자루를 만들 때 쓰는 껄끄렁베를 이용했다. 살이 쓸려서 아프기도 했거니와 그마저도 없어서 피가 배어 나올 때도 있었다.

산 생활에서 배고픔 못지않게 힘든 것이 잠자리였다. 빨치산 세가 강할 때는 얕게나마 고래(구들장 밑으로 연기가 빠져나가는 길)를 파고 납작돌을 얹어 온돌 시늉을 한 움막집을 만들었다. 하지만 연락원이 잡히거나 기습을 받으면 신속히 근거지를 옮겨야 했다. 국군의 동계작전이 전개될 때는 말할 것도 없었다. 그때는 눈바닥을 다지고 솔가지나 낙엽을 얹은 다음 모포 하나에 의지했다. 그렇게 힘들게 보낸 4년여 시간이었다.

── 지리산에서 혼자가 되다

혼자 떨어져 나오게 된 박순자는 묵계리와 내대리 경계에 있는 한 바위를 찾아가 그 밑을 파고 들어갔다. 잔가지와 푸새를 끌어모아 바닥에 깔고 입구를 잔솔가지로 덮었다. 고맙게도 그날 밤 눈이 소복하게 내려 입구가 가려졌다. 나무초리로 작은 구멍을 내어 밖을 보니 멀지 않은 곳에서 무전기 소리가 들렸고 발자국 소리가 다가왔다 사라지곤 했다.

그러기를 며칠, 동상이 점점 심해져 의령투쟁을 나갈 때 얻어 신은 군화 밑에서 발가락이 계속 화끈거리고 쑤셔왔다. 의령투쟁은 50명도 안 되는 인원일망정 남아 있는 경남도당의 전병력을 동원한 거나 다를 바 없는 싸움이었다. 기습은 성공해 경찰서를 점령하고 군민을 상대로 선전 활동을 했다. 약품과 식량도 확보했지만 군경의 신속한 반격에 퇴로를 열기 바빴고 급기야 이영회 사령관까지 잃었으니 결과적으론 참담한 실패였다.

이영회는 유격전의 귀신이라 불린 인물이었다. 그는 19세에 국방경비대에 들어가 여수 14연대에서 사병으로서 중대를 이끌고 여순반란에 가담했었다. 지리산에 들어가서는 이현상*의 제2병단에서 제5연대장이었고 1951년 6월 빨치산이 남부군으로 통합될 때 경남부대가 재편된 57사단의 대장을 맡았었다. 수많은 빨치산이 죽음을 당한 대성골 전투에서도 살아남았던 그가 죽었으니 이현상의 죽음에 이은 최대의 손실이었다.

휴전협정에서 빨치산은 안전귀환은 말할 것도 없고 그 존재조차 거론되지 않았다. 대성골 전투로 이미 주력부대가 무너져 버렸고 계속된 토벌군의 공세 속에서 그나마 경남부대의 세

---

*   공산주의 계열 독립운동가로, 해방 이후에는 남조선노동당 간부로 활동했다. 한국전쟁 시기에는 지리산 일대에서 남부군 부대를 지휘했다. 정전협정 이후에도 북으로 귀환하지 않고 전투를 이어가다 1953년 9월 지리산 빗점골에서 피살되었다.

가 100여 명이라도 유지된 게 기적이었다. 덕유산에 노영호 부대가 있고 백운산에 전남도당과 일부 병력이 남아 있으나 그 세는 유격대로서의 의미가 없는 수준이었다.

어찌 보면 의령투쟁은 촛불이 꺼지기 전 마지막으로 자기 몸을 불사르는 투쟁이었다. 박순자는 박근실 소부대의 위생병으로 출전하면서 지리산으로 돌아오지 못하리라 생각했다. 그런데 살아 돌아왔고 이제는 혼자 남아 바위 밑에서 숨이 넘어가는 처지가 되었다. 굶어 죽고 얼어 죽고 총 맞아 죽는 게 빨치산의 운명이라고 숱하게 들었다. 바위 밑에서 옴짝달싹할 수 없는 처지가 되니 그 말이 사무치게 다가왔다.

밤마다 촛대봉에서 내달려온 바람은 사납게 웅웅거렸다. 차가운 달빛을 바라보니 여러 상념이 떠올랐다. 면당위원장을 하다가 지리산에서 숨진 큰오빠, 동지의 시체더미를 하얗게 뒤덮던 서캐, 저녁이면 세석평전에 핏덩이를 흩뿌려 놓던 노을, 악양면으로 보급 투쟁을 나갔을 때 머리채를 휘감으며 지나가던 총탄 등 가슴에 묻어 뒀던 기억이 떠올랐다.

며칠이 지났을까? 눈을 씹어 먹으며 버텼으나 눈도 침침해지고 정신도 가물가물해 꿈속을 떠다니는 것 같았다. 어디선가 총성이 두 번 울릴 때 박순자는 퍼뜩 정신이 들었다. 이대로 있다가는 얼어 죽을 것 같았다. 문득 떠오른 것이 옥종면에 남겨 둔 비선조직이었다. 그사이 변심했을지도 모르지만 달리 기댈 곳이 없었다. 신천리와 궁항리를 넘어가야 하는 짧지 않은 길, 옥종면과 악양면은 하동군에서 가장 비옥해 보급 투쟁을 가장 많이 나간 곳이라 군경의 방어선도 철통같은 곳이었다. 성한 몸이어도 쉽지 않은 길이건만 동상에 여러 날을 굶은 박순자로서는 불속으로 뛰어드는 것이나 마찬가지였다. 하지만 이대로 죽을 수는 없어 박순자는 얼어붙은 눈을 총부리로 쳐 내며 기어 나왔다.

몸을 바깥으로 조심스럽게 내미는데 능선에서 내달려 온 바람은 박순자의 뺨을 세차게 후려치며 계곡으로 미끄러져 내려갔다. 푸르스름한 달빛은 박순자의 어깨를 누르며 등줄기에 올라탔다. 박순자가 겨우 몸을 빼내 첫발을 떼니 '악' 소리가 저절로 나왔다. 오른쪽 발의 동상이 장딴지 쪽으로 올라오면서 송곳처럼 쑤셔 대 절로 나온 비명이었다. 두 손으로 입을 막았지만 몇 번인가 메아리가 울려 내대리의 고요를 흔들었다. 박순자는 깊은 숨을 토해 내며 칼빈총을 바위 밑에 묻고 눈으로 덮인 비탈을 따라 움직였다. 한 시간을 걸었을까? 멀리 야간 경계를 하는 군인 두 명의 그림자가 달빛에 또렷했다. 박순자는 살그머니 에돌아 계곡을 따라 내려갔다. 얼마를 갔을까? 물길이 깊은 못으로 변하며 길섶이 끊겼다. 할 수 없이 박순자는 계곡 옆 논두렁으로 올라서려고 팔을 올려 뻗었다. 논두렁에 엉겨 붙은 얼음덩이가 바늘처럼 손바닥을 파고들었다. 올라서자마자 "손들어!" 하며 총구 두 개가 박순자의 눈을 찌를 듯 다가 왔다. 박순자는 천천히 손을 들고 등을 돌렸다. 얼음이 껴 있는 바람이 박순자의 목을 휘감았고 멀리 지리산의 연봉들은 파리한 별빛에 검은 침묵만 토해 내고 있었다. 그날이 1954년 1월 13일이었다.

—— 차라리 감옥이 편했다

박순자를 체포한 군인은 여자임을 알아보고 "모닥불을 쬐라, 동상 걸린 발을 녹이라"며 호의를 보였다. 박순자는 찬물을 얻어 퉁퉁 부어오르고 검은빛이 뚜렷한 오른발부터 주물렀다. 동상에 걸린 발을 치료할 때 뜨거운 물에 담그거나 불기운을 바로 쏘이면 부상이 외려 심해질 수 있기 때문이다. 오가는 무전에선 "내일 트럭을 보내겠다"라는 소리가 어지러웠다.

다음 날 박순자는 산청군 단성면으로 끌려갔다. 중대장의 지시로 박순자는 주먹밥에 단무지, 콩나물이 든 도시락을 받았다. 의령투쟁에 나간 이래 실로 오랜만에 먹는 제대로 된 밥이었다. 식사를 마치니 중대장은 석방을 해 줄 테니 선무 방송을 하라 을러댔다. 당시 전사한 이영회 사령관의 부인이 지리산 전역에서 "항복하면 죄를 묻지 않는다"는 방송을 하고 있었다.

그들은 여자 빨치산의 방송 효과가 좋다고 판단하고 박순자에 게도 종용했다. 거부하면 총살하겠다고도 했다. 박순자는 "나는 산에서 밥만 해 줬다. 자수를 하려고 내려오던 중이었다. 방송은 못 하니 차라리 죽여라" 하고 버텼다. 그때 어디선가 무전이 왔고 중대장은 급히 발걸음을 옮겼다.

그날 밤 박순자는 짚을 깔고 돼지우리에서 잠을 잤다. 오랜만에 벽이 있고 지붕이 있는 잠자리여서 단잠에 빠졌다. 다음 날 박순자는 트럭을 타고 함양을 거쳐 5사단이 있는 남원포로수용소로 옮겨졌다. 수용소에는 천막 네 개 동에 여자들이 수용되어 있었다. 박순자는 10여 차례 조사를 받았다. 그는 "밥만 해 줬을 뿐"이라고 거듭 말했다. 그런데 마지막 조사를 받을 때인가 국군에 자수해 협조하고 있던 옛 경남도당 조직부부장이 들어왔다. 결국 그의 증언으로 박순자가 경남도당 조직지도원인 게 밝혀졌다.

남원군청에서 열린 군사재판에서 박순자는 국가보안법, 국방경비법 위반 등으로 사형을 구형받았다. 그날 재판을 받은 사람은 모두 20명이었는데 여자는 박순자 한 명뿐이었다. 구형과 선고가 한날에 이루어진 법정에서 박순자는 "산에서 여자들은 주로 식사와 의복 수선을 맡는다. 전투시에는 위생병으로 참가했다. 나는 조국의 통일을 위해 나의 할 일을 했을 뿐이다"라고 마지막 발언을 했다. 속개된 재판에서 남자에겐 대개 무기징역이, 박순자에게는 15년형이 선고되었다.

장기형을 선고받았으나 박순자는 마음이 편했다. 남원포로수용소에서도 석방을 해 주겠다며 선무 방송에 나서라고 압박을 받던 상황이었다. 이제 형이 확정되었으니 형무소로 가는 일만 남아 그 시달림에서 벗어나는 게 무엇보다 좋았다.

── 새 생명을 받아 내며 시작한 징역 생활

25세 나이에 형을 확정받은 박순자는 1954년 3월 2일 전주교도소로 갔다. 당시 남원포로수용소에서 15년 이하 기결수는 전주교도소로, 15년이 넘는 경우는 대구교도소로 보내졌다. 박순자가 전주교도소에 가 보니 여사에 방이 네 개 있었다. 일반 수와 같은 방을 쓰게 된 박순자는 첫날 똥통 옆에서 잠을 잤다. 이튿날 아침 살갑게 다가오는 만삭의 여인이 있었다. 알고 보니 장명식이란 빨치산의 부인인데 옷과 약품을 남편에게 전달했다는 이유로 구속된 처지였다. 산날이 다가와 몸을 풀어야 하는데 영양 상태가 안 좋아 낯빛이 노랬다. 며칠 후 진통이 시작되고 산모는 숨이 넘어갈 지경이었다. 교도소에선 아예 신경을 쓰지 않았다. 아이를 씻길 물도, 탯줄을 자를 가위도 없었다. 박순자는 문을 박차며 "산모와 아기가 죽어간다"고 고래고래

소리를 질렀다. 그제야 의무과는 더운물과 가위를 대령했다. 일반수 중에 산파였던 노인이 있어 아이를 받고 탯줄을 끊었다.

그렇게 새 생명을 받아 내며 시작한 교도소 생활은 날마다 고달팠다. 가장 큰 어려움은 배고픔이었다. 1등식에서 5등식까지 차별을 두었는데 박순자는 5등식 식사를 받았다. 콩과 보리가 전부인 전구알 크기의 밥덩이였다. 반찬은 쩐내가 나는 장아찌와 벌레가 떠다니는 된장국. 박순자는 버텨 냈다. 지리산에서는 한 끼 밥을 먹으면 다음 끼니를 언제 먹을지 몰랐다. 여기서는 한 주먹도 안 되는 밥이지만 삼시 세끼 먹을 수 있는 것을 다행이라고 여겼다.

박순자는 안동교도소를 거쳐 1956년 서대문형무소로 옮겨졌다. 여기서 그녀는 전향을 강요받았다. 박순자가 거부하니 여자 교도관은 머리를 벽에 찧고 회초리 매를 휘둘렀다. 대나무의 결을 갈라 채찍처럼 만든 매였는데 교도관은 오직 허리만 노렸다. 책은 성경과 지리부도, 국사도감만 허용되었다. 세수와 운동을 금지시키고 나중에는 식수까지 주지 않았다.

박순자는 지리산 4년 생활 중 여러 번 죽을 고비를 넘겼다. 1952년도 가을인가 가래톳이 생겨서 천왕봉 밑 조개골 환자트(부상병이 모여 있는 곳)에 있다가 습격을 당한 적이 있었다. 허벅지 안쪽이 퉁퉁 부어서 걷기가 힘들었는데 가까스로 피신했다. 나중에 수술로 째니 피고름이 분수처럼 솟아 나왔다. 그는 "동지 목숨이 개인 목숨이냐? 인민의 목숨이다"라고 질책을 당했다. 미련할 정도로 병을 숨긴 것이다.

1952년 1월의 대성골 참사를 피할 수 있었던 건 천운이었다. 당시 토벌군은 모든 길목을 막고 빨치산 주력을 대성골로 몰아넣었다. 비행기까지 동원해서 10여 일 동안 밤낮으로 포화를 퍼부었고 대성골은 여러 날 불길에 휩싸였다. 그때 하동군당은 군경의 동계 대공세를 대비하는 회의에서 하동군에 면해 있는 산청군 시천면 거림골로 피한다고 결정을 했는데 덕분에 화를 피한 것이다.

그 후에도 큰 위기가 있었다. 겨우 전열을 수습한 경남도당 본부가 천왕봉 밑 법계사 터에 있었는데 새벽에 기습을 당했다. 박순자는 솥단지 책임자로 솥단지를 짊어지고 뛰다가 낭떠러지로 굴러 조릿대가 가득한 눈밭에 떨어졌다. 위에서는 확인 사살을 하러 총탄이 계속 날라와 바위 밑으로 몸을 숨겼다. 솥단지를 진 채로 바닥에 떨어져 그 충격이 허리에 닿아 아픔이 극심했다. 날이 어두워 적정敵情이 사라진 뒤에야 기어가다시피 중산리에 다다라 겨우 선을 확보했다.

감옥 안에서는 산에 있을 때처럼 습격을 당해 총 맞을까 비선을 놓쳐 버릴까 하는 근심이 없었다. 죽을 걱정 없이 산다는 게 나름 행복이었다. 박순자는 죽을 고비를 몇 번이나 넘긴 전사답게 전향 공작에 맞서 버텼다. 회초리 매도 이겨 내고 여

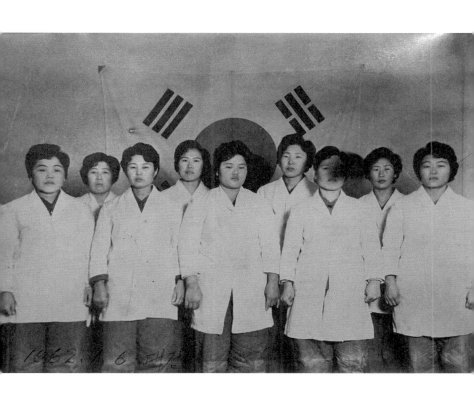

대전형무소에서 미용 실습 받을 때. 박순자 선생은 이때 배운 미용 기술로 잠시 미장원을 열기도 했다. 왼쪽에서 네 번째가 박순자 선생.

러 날 계속된 몰매도 그를 꺾지 못했다.

전향 공작 못지않게 힘들었던 것은 영치금 한 푼 없이 살아가는 것이었다. 박순자의 집안은 큰오빠와 박순자가 지리산으로 들어가면서 재산이 몰수되고 진주, 부산, 서울로 온 가족이 흩어져 버렸다. 그런 와중에 어머니가 숨을 거두었지만 무덤조차 쓸 수 없었다. 사정이 이러하니 10여 년이 넘는 감옥 생활 동안 면회 올 직계 가족은 단 한 명도 없었다.

다만 사촌 오빠의 아들이 공무원 시험을 쳐 서대문형무소 자재과장이 되었는데 언젠가 그가 순시를 돌 때 만나게 되었다. 조카는 서무과로 불러 놓곤 뜸을 들이며 아무 말도 안 했다. 나중에 기별을 받은 사촌오빠가 면회를 와 전향하라고 들들 볶았다. 박순자가 거부하자 혀를 끌끌 차며 떠났고, 그 이후로 어떤 피붙이도 만날 수 없었다. 결국 감옥살이 내내 바깥에서 건빵 한 봉지조차 받지 못했다.

—— 출소와 감시, 그리고 결혼

박순자는 대전을 거쳐 전주교도소에서 1965년 만기출소했다. 4·19혁명 이후 장면 정부에서 15년형을 일부 감형했기 때문이다. 출소 후 박순자는 가족도 없고 고향에서는 외면받을 게 뻔해 전주 갱생보호소로 들어갔다. 이곳도 교도소처럼 억압이 심해 박순자는 출소 후에도 자기를 관리하던 전주교도소 여자 교도관 집에서 얼마 동안 기거를 했다. 그런데 박순자가 출소한 것을 알고 출소 장기수 몇몇이 찾아왔고 이 사실을 알게 된 교도관은 박순자를 자기 연고가 있는 진주로 빼돌렸다. 고향인 하동 근처로 오게 된 박순자는 둘째 오빠와 옛 비선조직을 찾아 하동으로 넘어갔다. 고향에는 이미 박순자의 출소 소식이 전해졌는지 경찰이 촘촘하게 감시를 하고 있어 옴짝달싹할 수 없었다.

하동에 더 머무를 수가 없던 참에, 1960년 형집행정지로 출소해 부산에 있던 진양군 당위원장(진양군은 1995년 진주시로 통합되었다) 박판수와 연결이 되었다. 그의 집에서 몸을 의지하며 속옷 파는 보따리장수를 시작했는데 어떻게 알았는지 경찰의 감시가 집요했다. 이때부터 박순자는 경찰의 감시를 피해 보려고 박수분이라는 호적 이름 대신 박순자라는 가명을 쓰기 시작했다. 이름을 바꿨으나 경찰의 손아귀는 벗어날 수 없었다. 부산에 있는 동지들은 결혼해서 주거가 안정되면 경찰 감시가 그나마 덜할 것이라고 혼인을 권했다.

박순자는 부산 서면에서 한 동지의 결혼식이 있던 날, 마침 하객으로 온 최상원을 만났다. 1923년 6월생인 그는 경주 최씨 집안으로 10여 대에 걸쳐서 부자로 살아온 청백리 집안 출신이었다. 최상원은 여섯 살에 천자문을 떼고 일본 유학을 가 1942년 3월 전문학교인 동경철도고등학교를 졸업했다. 그는 1945년 1월, 서울 수색에 있던 조선 제28특별 공병부대에 강제로 끌려갔다. 거기서 탈주를 도모하던 게 발각되어 헌병대에 갇혔다가 대구로 전속을 간 상태에서 해방을 맞았다.

이후 최상원은 고향 경주에서 건준 활동과 단독정부 수립 반대 투쟁, 소작권 옹호 투쟁을 전개했다. 4·19혁명을 맞아서는 한국전쟁 기간에 경주군에서 군경에게 학살당한 유가족을 모아 모임을 만들고 남북학생회담 성사를 위해 기금 모으기 활동을 했다. 여러 차례 수배되고 감옥을 들락거렸던 최상원이 박순자를 만났을 때는 이미 40대 중반으로 전 부인과 사별한 상태에서 애가 여섯이나 되는 홀아비였다. 빈번한 감옥 생활로 재산도 없고 가정도 돌볼 수 없는 처지였다.

주변에서 박순자에게 결혼을 권했지만 이런 상태에 있는 최상원을 받아들이기가 쉽지 않았다. 하지만 경찰의 사찰은 계속되고 어느 날은 연탄가스까지 마셔 혼수상태를 헤맸다. 그때 박순자도 따뜻한 품을 원하게 되었다. 가정을 가지면 해결될 것 같았다. 최상원의 여섯 아이는 동지의 자식이고 조국의 아들딸이니 정성껏 키우면 되지 않겠나 생각했다. 최상원의 형님 집에서 하객 30명이 모인 가운데 1966년 1월 조촐한 식을 올렸다.

혼례를 치르고 생활을 하려니 집도 없고 돈도 없고 남편 최상원은 돈 버는 일에는 아예 관심도 능력도 없었다. 꼼짝없이 박순자가 생계를 책임져야 했다. 대전교도소 시절에 익힌 미용기술을 바탕으로 해운대 바닷가에 미장원을 열었다. 해운대는 1960년대만 하더라도 한적한 바닷가마을이고 여자들이 대개 쪽을 진 머리에 비녀를 꽂던 시절이라 미장원 손님이 거의 없었다. 할 수 없이 미장원을 접고 세탁소를 열었다. 최상원이 다림질을 하고 박순자가 옷 수선을 했다. 박순자가 낳은 딸 둘까지 10명에 이르는 대가족이 세탁소 수입만으로 생활하긴 어려웠다. 그 시절 박순자는 지리산에서 굶주리듯 배를 곯았다. 애들을 먹이면서 자신은 "밥을 차리면서 먼저 먹었다"고 둘러댔다. 그런 생활고를 이겨 내며 근근이 버텨 갈 무렵 큰일이 벌어졌다.

—— 감옥에 있을 때보다 더 피를 말리던 세월

1972년 1월 11일 새벽, 검푸른 바닷바람을 몰고 형사 세 명이 박순자의 단칸방에 들이닥쳤다. 최상원과 박순자, 그리고 아이들이 곤히 자던 시간이었다. 그들은 영장도 없이 최상원을 끌고 가려 했다. "무슨 일이냐? 영장을 보여 달라"고 소리쳤지만 막무가내였다. 부모와 경찰의 몸싸움에 아이들은 무서워 몸을 떨었고 어린 딸들은 놀라 울음을 터트렸다. 형사들은 박순자를 벽으로 밀어붙이고 내의만 입은 최상원을 지프차에 쑤셔 넣었다. 그들이 떠난 자리에 겨울바람이 악다구니를 부리며 들이닥쳤다. 이불마다 구두 발자국이 찍혔고 어린 두 딸은 악을 쓰며 울다 경련까지 일으켰다.

박순자는 아침밥을 지어 아이들 도시락을 싸 준 후 거리로 나섰다. 새벽 소동을 이웃들이 알았는지 수군거리는 소리가 여기저기서 들렸다. 잡혀간 남편의 행방을 모르니 어디로 갈지 막막했다. 남편이 없으면 당장 세탁소 운영은 어떻게 할 것이며 비어 가는 쌀독은 어찌할지 근심이 태산이었다.

박순자는 시댁에 연락하고 부산시경을 비롯 최상원의 행방을 찾기 위해 시내 모든 경찰서를 헤매고 다녔다. 가는 곳마다 "우리는 모른다, 다른 데 가서 알아 봐라"는 답변뿐이었다. 며칠 후 경찰은 다시 들이닥쳐 세탁소 다림질판을 뒤집고 온 집 안을 헤집어 최상원의 편지와 노래가사가 적힌 메모지를 들고 갔다.

박순자는 넋 나간 사람처럼 이 경찰서 저 경찰서를 오갔다. 시댁의 사돈 중에 부산시경에 근무하는 사람이 있어 형사 한 명을 소개받았다. 그는 자신은 모른다며 고개를 저었다. 그는 거금 '3만 원'이 든 봉투를 받고서야 최상원은 부산 북부경찰서에 있으며 '어마어마한 사건'이니 자신에게 들었다는 말을 절대 하지 말라고 당부를 했다. 박순자는 그길로 북부서에 찾아가 면회를 신청했으나 거부당했다. 담당 형사에게 다시 '봉투'를 내밀며 얼굴만이라도 보게 해 달라고 간청했다. 그렇게 해서 만나게 된 최상원은 별 탈이 없어 보였다.

그런데 부산시경으로 끌려가면서 상황이 돌변했다. 박판수와 최상원을 비롯 항일운동과 통일운동을 했던 인사들이 한 달에 한 번씩 모여 계를 했는데 이것이 '부산고정간첩단' 사건으로 조작되고 있었다. 남편 최상원은 박판수와 함께 주모자로 몰렸다. 몇 날 며칠을 두들겨 맞으면서도 '간첩'이 아니라고 최상원이 버티자 경찰은 영도다리 근처 바닷가로 데려가 빠뜨려 죽이겠다는 협박까지 했다.

세탁소 운영과 아이들 챙기는 일만도 버거운데 거기에 옥바라지까지 하느라 박순자는 고된 나날을 보냈다. 양은 냄비까지 팔아 선임한 변호사는 최상원의 항일투쟁이나 1947년 10월 대구인민항쟁 참여 경력이 재판에 불리해서 10년 이상의 형을 선고받을 수도 있다고 겁을 주었다.

운명의 장난인지 최상원이 1심 재판에서 10년을 구형받고 선고를 기다릴 때 7·4남북공동성명이 발표되었다. 판사 권용목도 급변하는 정세에 얼떨떨한지 1972년 7월 6일의 선고에서 "형을 줘야 할지 말아야 할지 모르겠다"며 우물쭈물 4년형을 때렸다. 대구형무소로 이감 가서 진행된 항소심에서는 2년을 감형받아 최상원은 1974년 만기출소했다.

해방 전부터 여러 번 체포되고 투옥당했던 터라 몸이 약했던 최상원은 고문의 후유증과 가족 걱정으로 징역 생활 내내 이명과 환청에 시달려 병사를 들락날락했다. 최상원이 출소했지만, 1975년 7월 16일 발효된 사회안전법 때문에 박순자는 14년 동안 남편과 함께 주거 제한에 묶였다. 박순자와 최상원은 생계를 위해 반찬가게를 열고, 서예를 가르치기도 하고, 집에서 하숙을 치기도 했다. 경찰은 사회안전법을 내세워 수시로 전화를 해 집에 있는지 확인하고 석 달마다 찾아왔다. 시외로 나갈 때는 반드시 신고를 해야 했다. 자식들이 있는 군대와 학교까지 감시했고, 직장에 취직하면 뻔질나게 찾아가 고통을 주었다. 빨치산 4년, 징역 생활 10여 년보다 사회안전법으로 감시받던 세월이 더 피를 말리는 시간이었다.

—— 90의 노령에도 꺾이지 않는 의지

이제 90 중반을 향해 가는 박순자의 몸은 많이 구부러져 있다. 화장실도 혼자 못 갈 정도다. 워낙 고령이기도 하지만 빨치산 생활과 교도소에서 겪은 고통이 컸던 탓이다. 법계사 터에서 낭떠러지를 구를 때 다친 허리는 서울구치소에서 회초리 매를

최상원이 1972년 부산고정간첩단 사건으로 2년 복역 후 출소한 뒤 어느 날 가족들과 함께 해운대 바닷가에서 보낸 평화로운 시간. 왼쪽부터 최상원, 최은하(막내딸), 최단희(최상원 전처 소생 둘째딸), 최혜숙(장애가 있는 큰딸), 박순자, 전처의 여동생.

맞으며 더 나빠졌다. 악양면 보급 투쟁에 나갔을 때는 유탄이 그녀의 살점을 찢고 나갔고 파편이 그녀의 등을 덮치기도 했다. 악양투쟁은 1951년 11월 27일 남부군이 57, 81, 92사단 300명을 동원해 나섰던 중요한 보급 투쟁이었다. 11월 15일 백선엽의 야전군사령부가 남원에 설치되고 동부전선의 수도사단과 8사단, 서남지구 전투사령부 예하 5개 경찰연대가 빨치산을 토벌하겠다고 속속 집결하던 때였다. 동계 대작전은 12월 1일부터 15일까지 전개되었는데, 악양면 보급 투쟁은 바로 직전, 그 포위망 속에서 전개되었다. 이때 경남부대인 57사단은 81, 92사단의 엄호를 맡으며 주공을 담당했는데, 박순자는 경남부대의 위생병으로 참가했다가 가장 치열한 전투의 한가운데서 부상을 입었다.

박순자는 또 대전교도소에 있을 때 장티푸스 예방 주사를 잘못 맞았다. 교도소 의무과에는 간호사가 없어 죄수 중 한 명이 주사를 놓았다. 그런데 잘못해서 박순자에게는 10인분의 양을 주입했다. 몸이 끓었고 살이 타들어 가는 고통이 밀려왔다. 얼굴과 살갗은 검게 물들었다. 병사에서 한 달 동안 신음하다 기적처럼 살아났다.

1974년 출소 후 병약했던 남편 최상원은 오랫동안 파킨슨병과 치매를 앓으며 병원을 전전했다. 박순자는 본인의 아픈 몸을 이끌고 여러 해 동안 남편을 간호했다. 최상원은 2007년 박순자에게 '설봉雪峰', 눈 속에서 우뚝 선 봉우리라는 이름을 지어 주고 84세에 숨을 거두었다.

힘든 가운데 기쁜 시간도 있었다. 1987년 민주화 대투쟁으로 사회안전법이 폐지되면서 박순자와 남편 최상원이 움직일 공간이 마련되었다. 그때부터 두 사람은 민주화운동과 통일운동에 나섰다. 역사기행과 강연을 통해서 젊은이들과 교류하고 1991년부터는 조국통일범민족연합에 참여, 부산경남지역의 중앙위원이면서 고문으로 활동했다.

박순자는 또 남편 최상원과 함께 남도 열사 추모제를 이끌었다. 2000년 4월 지리산 삼선궁에서 빨치산 유골 7구를 수습해 돌무덤을 짓고 그 넋을 기렸다. 2000년 남북정상회담 이후에는 6·15공동위의 고문이 되었다. 미군 장갑차에 숨진 효선과 미선의 추모제에 빠지지 않고 참여했고 한미 군사훈련이 한반도의 평화를 해친다고 광화문 광장에서 반대를 외쳤다.

고맙게도 2002년에는 금강산에서 열린 세계여성대회에, 2004년에는 평양에서 열린 남북여성대회에 참가하는 기쁨을 누렸다. 2010년에는 남편을 간첩으로 조작한 사건의 재심에서 무죄를 선고받았다. 모두 안 될 것이라 고개를 저었으나 박순자가 뚝심 있게 밀고 나가 얻은 판결이었다.

박순자, 박수분, 설봉이라는 세 개의 이름을 지닌 박순자. 이제 살날이 얼마 안 남은 그에게 두 가지 소원이 있다. 첫 번째는 뇌성마비 딸이 살아갈 수 있는 방도를 마련해 주고 눈을 감는 것이다. 서른여덟 살에 품은 첫딸인데 노산인 데다 산고가 심해 출산 과정에서 다소 뇌에 손상이 있었다. 의사는 자라면서 좋아질 정도라며 안심을 시켰다. 그랬던 아이가 한참 예민한 다섯 살 때 경찰의 가택침입과 계속된 불법 수색에 경기를 앓았고 심한 불안에 시달렸다. 꾸준히 재활치료가 필요한 상태였건만 남편의 재판과 면회를 챙기느라 딸아이를 제대로 돌볼 수 없었다. 결국 뇌성마비 장애를 지니게 되었고 박순자는 한평생 큰딸의 기저귀를 갈고 대소변을 챙기며 살았다. 딸의 장래를 어떻게든 보살펴 놓고 눈을 감는 게 소원이다.

두 번째는 남북이 자유롭게 오가는 세상을 보는 것이다. 그런 뜻으로 박순자는 2차 송환 희망자에 이름을 올렸다. 북쪽이 고향이 아니고 연고도 없지만 2차 송환을 희망하는 동지들과 손을 잡고 북녘 길에 올라 남북이 평화롭게 걸어가는 길을 열겠다는 뜻이다. 문재인정부 5년 동안 희망을 품고 살아왔지만 물거품이 되었다. 윤석열정부가 들어서며 남북 간의 대결분위기가 격화되니 걱정이 되지만, 일평생 남북통일의 염원을 갖고 살았으니 일시적인 정세에 꺾일 그의 의지가 아니다.

그의 마지막 소원 두 가지는 눈을 감기 전 이루어질 수 있을까?

못다 한 이야기

- 박순자 선생은 최상원 선생의 간첩 조작사건 재심에서 무죄 판결을 받은 이후 국가를 상대로 민사손해배상소송을 걸었다. 2013년 6월 26일 부산지방법원 민사 1심 재판부는 "국가가 박순자 등 원고 측에 2억 5000만 원을 배상하라"라는 판결을 내렸다. 그런데 2014년 2월 부산고등법원은 1심 판결을 뒤집어 원고 패소 판결을 내렸다. 그 근거는 2013년 12월 대법원이 재심에서 무죄를 받은 '진도 간첩 조작 사건'의 민사손해배상소송에서 시효를 6개월 내로 결정한 판례였다. 대법원은 국가권력으로부터 피해를 입은 재심 사건으로 민사손해배상을 하려면 재심 무죄 확정일, 또는 형사보상 결정 확정일로부터 '6개월 이내'여야 한다고 판결을 했다. 이 판결이 최상원 선생의 항소심 재판 도중에 내려졌는데, 박순자 선생은 형사보상확정일로부터 8개월이 지난 시점에 소송을 걸었기 때문에 부산고등법원이 패소 판결을 내린 것이다.

'민주사회를 위한 변호사 모임'은 국가권력으로부터 입은 피해를 구제받기 위해서 3년 정도의 시간이 필요하다고 본다. 그래야 피해자가 여유 있게 자기권리를 행사할 수 있기 때문이다. 이런 관점에서 보면 양승태 대법원장 시절 내려진 이 판결은 국가권력의 피해자가 구제받을 수 있는 시간을 제약한 반민주적 판결로 역사적 심판을 받아야 한다.

김교영

지리산의 빨치산에서
길음동의 여관 주인으로

"어머니를 뵙지 못하고
평양행 기차를 탔던 것이
아직까지 죄스럽습니다."

김교영

1927.11.11.	함경남도 영흥군 포하리 81번지에서 5남매 중 장남으로 출생
1943.4.	함경남도 북청공립직업학교 건축과 편입
1946.2.17.	민주청년동맹 가입. 이후 조선노동당 입당
1948.3~12.	인흥면 민청위원장, 영흥군 민청책임지도원, 영흥군 횡천면 민청위원장
1949.2~1950.6.	영흥군 민청 선전부장, 민청 부위원장
1950.8.	중앙민청에 소환, 경남 하동으로 파견
1950.9.28.	인천상륙작전 이후 지리산 입산
1950.12.	경남도 민청 정치문화교양부장
1951.1~9.	황매산블록 책임자로 파견. 무장정치공작대 대장, 구국연대 연대장 겸직
1952.2~10.	경남도당 선동과장, 선전부부장, 경남도민청 위원장 겸직, 조선인민유격대 독립제8지대 선전부장, 송관일부대 조직부장(경남)
1953.3~12.	박문학부대 정치위원(경남), 경남도당 북부지구당 선전부장
1954.1.	국군5사단수색대에 체포, 남원포로수용소 수감
1954.4.	남원지구 고등군법회의에서 10년형 받고 전주형무소 수감
1957.10.	수원형무소 이감
1961.8.15.	가석방으로 출소
1985.8.	정년퇴직, 이후 통일운동 활동
2021.8.2.	숙환으로 자택에서 별세

1952년 1월 9일 이른 아침부터 세석평전 아래 거림골에선 경남도당 긴급회의가 열렸다. 시간은 오래 걸렸지만 "당과 사회 단체는 소조로 나누어 산개하고 알아서 피신하고 알아서 살아 돌아온다"라는 간명한 결정이 내려졌다.

그날 저녁, 경남도민청 부위원장을 맡고 있던 나는 조장이 되어 지리산 천왕봉의 동쪽에 있는 써리봉을 떠났다. 내가 맡은 조에는 식사 담당을 했던 여성 동지들과 통신 일꾼, 이제 막 환자트에서 돌아와 겨우 걸을 수 있는 환자가 대부분이고 무장을 한 대원은 불과 세 명뿐이었다. 도당은 주요 문서를 챙겼고 식량과 무기를 감췄다. 소조로 나뉜 모든 조는 지리산의 여러 골짜기와 포위망 바깥의 인근 산을 목표로 출발했다. 도당에선 소조마다 비상미로 쌀 한 되와 생콩 한 되를 주고 비상선 네 개를 알려 주었다.

나는 써리봉을 출발하면서 산청과 하동 두 방향을 내려다보았다. 토벌군이 지펴 놓은 장작불은 온 산을 에워쌀 듯 불타고 불길은 구불구불 동아줄처럼 이어졌다. 그 뒤로는 트럭과 지프차의 헤드라이트 불빛이 벌판 가득해 금세라도 지리산을 덮칠 것 같았다.

1952년 1월 10일로 예정된 '빨치산 토벌' 2차 공세는 규모가 대단했다. 동부전선에 있던 수도사단과 8사단 그리고 서남지구 전투사령부 산하 5개 경찰연대와 국군 2개 예비연대가 동원되었다. 그뿐 아니라 사천비행장의 제1전투 비행단도 출격 준비를 마친 상태였다. 그 외 의용경찰대나 사찰유격대까지 합하면 무려 4만 명이 넘는 대병력이 지리산을 중심으로 덕유산, 광양의 백운산까지 물샐틈없이 에워쌌다. 1951년 7월 개성에서 첫 정전회담이 열리면서 전쟁이 잠시 소강상태가 되자 이승만 정부는 전방 병력을 동원해서 대대적인 빨치산 소탕작전을 수립했다. 1951년 11월 15일 남원에 백선엽을 지휘관으로 하는 야전군사령부를 설치해 1951년 12월 1일 한차례 대규모 공세를 전개했고 연말연시 휴식을 가진 후 2차 공세를 퍼부을 참이었다.

조원들은 나만 바라보고 있었다. 어딜 보아도 눈은 무릎까지 올라 차 있고 바람은 웅웅거리며 울부짖었다. 가진 무기라야 아카보 소총* 세 자루에 탄약 몇십 알이 전부. 나는 무장정치공작대장, 척후대장을 해 본 터라 자신이 있었지만 주로 후방에 있던 조원을 데리고 사선을 뚫는 것은 아무래도 무리였

---

*   정식 이름은 AK 보병소총으로, 한국전쟁 당시 북한군에서 사용한 돌격 소총이다.

다. 무엇보다 발이 성치 않았다. 고무신을 전선줄로 동여매거나 짚신을 신고 있어 동상이 심한 대원이 여럿 있었다. 나는 궁리 끝에 뻗치기를 택하고 거림골에서 대성골로 넘어가는 음지를 향해 갔다.

음지쪽은 눈이 한 길이나 쌓여 있어 수색하기 쉽지 않고, 폭격이 주로 양지쪽을 향했던 지난 작전을 되짚어 보고 내린 결정이었다. 기울기가 얌전한 비탈에 눈을 치우고 나뭇가지와 낙엽으로 바닥을 다져 열다섯 명이 웅크리고 앉을 자리를 마련했다. 그 위로는 이불 홑청으로 쓰던 하얀 광목을 덮개로 펼쳤다. 눈과 같은 색깔이니 위장도 되고 바람막이도 되었다.

하루에 한 번 생콩 다섯 알과 쌀 서른 톨씩을 나눠 줬다. 생콩은 배고픈 가운데 먹으니 비리지 않고 외려 달았다. 1951년 12월의 1차 공세에 비춰 보면 2차 공세도 보름 정도가 될 것이라 예상하며 아껴 먹었다. 눈을 떠서 물 대신 먹었고, 불을 피울 수 없으니 등을 기대고 앉아 서로의 체온으로 추위를 버티며 하루 종일 동상환자의 발을 주물렀다.

1월 10일 새벽부터 거림골과 피아골 등 모든 계곡과 능선으로 압박이 시작되었다. 헬리콥터가 선무 방송을 하며 투항을 권유하는 종이를 뿌리고 비행기에선 폭탄이 떨어졌다. 대성골 쪽에서는 쉴 틈 없이 총소리와 포격 소리가 울려 퍼졌다.

조바심이 났으나 방법이 없었다. 이현상 선생님이나 도당 간부들은 안전할까? 이번 공세를 어찌어찌 넘기더라도 다음 공세는 어찌한단 말인가? 이제껏 유격대가 국군사단 1~2개를 묶어 둔다고 자랑스럽게 얘기했지만 정전협정이 시작되며 퍼진 불안감대로 전방의 병력이 동원되어 지리산을 둘러싸니 그저 독 안에 든 쥐였다. 지리산이 넓다고 해도 사방 50킬로미터 안팎 거리여서 주요 능선만 장악당하면 대오는 각개 격파될 수밖에 없는 처지였다.

당분간 공세를 버텨 내더라도 언젠가 타결될 정전협정 협상 과정에서 빨치산의 존재가 어떻게 다루어질 것인지 근심이 컸다. 조선인민군의 낙오병으로 인정되어 안전한 귀환 길이 열릴 것인지, 아예 거론조차 되지 않는 무장집단이 되어 끝내 죽음으로 내몰려질지 알 수 없는 일이었다.

1월 하순이 다 되어서야 2차 공세는 끝났다. 총성이 멈춘 것을 확인하고 우리 조는 천막을 걷고 나왔다. 여성 동지들은 손뼉을 치고 서로 얼싸안았다. 나는 뒷일을 부조장에게 부탁하고 대성골로 마구 달려갔다.

── 지리산에서 보낸 3년 6개월

"야 새끼야, 일어나! 이놈 아주 코를 골고 자빠졌네."

나는 퍼뜩 잠이 깨었다. 착검된 칼등에 반사된 햇빛이 눈을 파고들었다. 팔뚝으로 햇살을 가리며 일어서는데 얼핏 보아도 대여섯 명의 국군 수색대가 나를 빙 둘러싸고 있었다. 내 몸에 품었던 K2 소총은 이미 수색대 손에 들려 있었다. 그날은 덕유산으로 돌아가던 1954년 1월 9일이었다.

내가 지리산에서 덕유산으로 가게 된 것은 1953년 4월, 경남도당의 송관일부대 정치부에서 조직부장을 맡고 있을 때였다. 당시 김삼홍 도당위원장은 나에게 "덕유산부대가 와해 직전이다. 인원을 보충해 줄 테니 박문학 동지와 함께 가서 덕유산부대를 재건하라"라고 임무를 줬다.

부대장에 박문학, 예하에 이만춘부대 26명, 강동희부대 28명, 본부 요원 5명 해서 총 60명으로 덕유산부대를 새로 꾸렸다. 나는 정치위원을 맡았다. 예전 같으면 부대를 새로 편성할 때 결의도 다지고 훈장도 주었지만 빛바랜 진달래 몇 송이와 남덕유산에서 불어오는 안개비만 지켜보는 출범이었다.

1953년 봄, 지리산과 덕유산 일대의 빨치산 세력은 사실상 소멸 상태에 이르렀다. 1952년 1월 공세로 남부군 직속 81사단과 경남도당 57사단은 거의 궤멸당했다. 당시 나는 조원들과 눈구덩이 음지에 숨어 목숨을 건졌지만, 1월 18일에 주력부대가 대성골에 포위되어 박격포와 네이팜탄의 집중폭격을 받았다. 결국 남경우 도당위원장을 비롯 수뇌부와 핵심 군사력이 전멸당하다시피 했다. 이때 이후로 빨치산은 '조선인민군 유격대'라는 군사적 의미를 상실하고 말았다.

내가 덕유산으로 간 지 몇 달 후인 1953년 7월에 휴전협정이 타결되었다. 함경남도 영흥군이 고향인 나는 협정의 내용을 보고 낙담할 수밖에 없었다. 고향에 돌아가리라 기대했건만, 협정문에는 유격대의 지위나 안전귀환에 대해 단 한 줄의 언급도 없었다. 고약하게도 토벌대는 "빨치산은 버림받았다"라는 문구를 큼지막하게 인쇄한 전단으로 대원들을 자극했다. 다들 궁금해하고 의아해했지만 "중앙당이 뜻이 있겠지요" 하고 얼버무리는 분위기였다.

9월에는 남부군 사령관 이현상 동지가 피살되었다는 소식까지 들렸다. 그 후로 야밤에 도주하는 동지들이 더욱 늘어났다. 그때마다 터를 옮겨야 했고 국군 5사단의 압박은 날로 심해져 보급 투쟁 나가는 게 목숨을 거는 일이 됐다. 미래가 없는 단순한 연명, 대원들의 어깨에 내리는 덕유산의 달빛은 파리했고 멀리 향적봉은 묵언수행만 할 뿐이었다.

1953년 11월 29일, 나는 덕유산에서 지리산으로 향했다. 중앙당의 문서를 5지구당(경남지역)의 조병하 위원장에게 전달하는 임무 때문이었다. 연락원 둘과 예하 부대장이었던 강동희까지 포함해서 넷이 출발했다. 중간연락소인 떡갈산에서 하루 자고 지리산 조개골 쪽에 새벽녘에 도착했다. 도당 연락부장인 임정택에게 서류를 넘겨 주고 야간행군으로 피곤한 몸을 뉘었을 때 총소리와 포성이 울렸다. 1953년 12월 1일, 5사단 토벌대가 또다시 공세를 시작한 것이다. 총소리는 불과 몇백 미터 앞이었다.

"김 동지, 일어나요. 적정이 코앞입니다." 임정택 부장이 다급하게 나를 깨웠다. 나는 총과 배낭을 둘러메면서 옆에 누웠던 강동희를 일으켜 세웠다. 연락부 성원들은 문서를 챙기느라 바빴다. "촛대봉으로 간다"는 외침에 비탈을 뛰기 시작했다. 지리산의 겨울답게 나뭇잎은 이미 다 떨어져 몸을 감출 수가 없었다. '쉬식' 총알이 귓불을 스치고 매서운 골바람이 목덜미를 파고들었다. 뒤에서는 "계곡 쪽으로 밀어붙여"라는 고함 소리가 등덜미를 잡아채듯 다가왔다. 황급히 뛰면서도 담요를 말아 넣어 가져오지 못한 것이 못내 아쉬웠다.

당시 백선엽 야전군사령부를 대신한 서남지구 경비사령부(사령관 김용배 준장)는 지리산 전역에 걸쳐 계속해서 토벌 작전을 전개했다. 1953년 12월 1일부터는 5사단마저 합세해 주요 골짜기와 능선이 군경에 의해 거의 장악된 상태였다. 나는 5지구당의 연락 부대와 한 달 넘게 포위망의 빈틈 사이로 도망 다녔다. 비상식량도 거의 바닥난 상태인지라 나는 짐이 되는 게 싫어 임정택 부장에게 양해를 구하고 강동희와 덕유산으로 돌아가겠다고 했다.

그런데 수행했던 강동희가 "함양군 장항리에 우리 집이 있는데 조금 돌더라도 들러서 식량을 구해 가지요. 지금 가면 한밤중에 닿을 테니 남의 눈도 피할 수 있습니다"라고 말했다. 우리는 5사단 포위망을 어렵사리 뚫고 강동희의 고향 마을 뒷산에 도착했다. 잠깐이면 된다고 자신 있게 말하는 그를 보내며 나는 어둠 속에 웅크렸다. '아차! 시간 약속과 비상선을 정하지 않았네.' 내가 속으로 탄식했을 때는 이미 그의 뒷모습에 달무리가 가득했고 먼 동네의 개 짖는 소리가 이마저도 삼켜 버렸다.

강동희를 기다리는데 1월의 한기는 온몸에 파고들었다. 어깨가 떨리고 잇몸이 딱딱 부딪혔다. 동상기가 있던 오른쪽 발가락이 아렸다. 이미 돌아올 만한 시간도 한참 지난 터여서 기다리고만 있을 수 없었다. 나는 조각 달빛 하나 의지하고 남덕유산을 향해 움직였다(알고 보니 그 시각 강동희는 아버지의 신고로 마을의용대에 잡혔다. 나중에 강동희를 남원포로수용소에서 만나 이야기를 들었다).

가는 내내 걱정이 앞섰다. 지리산 부대에게 짐이 되기 싫어 돌아섰지만 60명에 불과한 덕유산부대가 온전할지 지금 돌아가면 만날 수 있을지 확신이 없었다. 덕유산을 출발할 때 정한 비상선은 이미 한 달이 넘어서 의미가 없었고….

강동희와 만나기를 포기하고 덕유산으로 향하던 나는 밤에 추워서 잠을 잘 수 없었다. 기습당하며 잃어버린 담요가 못

내 아쉬웠다. 담요만 덮어도 눈을 붙일 수 있건만…. 익숙하지 않은 지형임에도 밤에 이동하고 낮에는 사람 눈에 띄지 않는 곳에서 은신했다.

체포되던 날은 함양군 서상면 그러니까 강동희의 집 유림면에서 약 40킬로미터 정도 이동해 남덕유산 코앞에 이르렀을 때였다. 몇몇 무덤이 있고 그 옆에는 초막이 있었다. 슬그머니 들어가 보니 눈먼 부부가 묘지기를 겸해서 살고 있었다. 나는 그들에게 청해 밥 한 그릇과 물김치를 얻어먹었다. 1953년 12월 1일 이래 근 40일 만에 먹어 보는 밥 같은 밥이었다. 그동안은 생쌀을 씹고 어느 정미소에선가 겨 껍질에 남은 낟알을 긁어서 조금씩 먹으며 버텼었다. 모처럼 한술 밥을 먹었더니 오랫동안 못 잔 잠이 밀려왔다. 나는 묘지 근처에서 웅크려 햇빛을 쐬다가 그만 잠이 들었다.

빨치산은 늘 포위와 기습의 위험 속에 있었기에 잠을 잘 때도 항상 신발을 신고 있었다. 또 보초가 졸면 즉결처분한다는 원칙도 있었다. 그렇지만 대오 내에 있을 때도 참아 내기 어려운 졸음을 낙오병으로 혼자 있으면서 견디는 건 쉽지 않았다.

그 잠깐 동안 잠에서 나는 설사로 고생하는 꿈을 꿨다. 나는 꿈에서 지리산으로 들어가라는 지시를 받고서, 어차피 산에 들어가면 제대로 못 먹을 터이니 배불리 먹고 들어가자고 몇몇 동지와 돼지고기를 푸짐히 사서 덮어놓고 먹었다. 과식한 데다가 산에 들어간 첫날 한뎃잠을 잔 탓인지 다음 날부터 설사가 심했다. 용변을 보다가 갑자기 공격을 당해 바지춤을 제대로 묶지도 못하고 도망가는 꿈이었다. 수색대의 고함소리에 깨면서도 꿈속 장면 장면이 선명했다.

전선으로 포박당하고 뒤를 돌아보니 멀리 덕유산 향적봉은 고개를 돌리며 짐짓 모른 체했다. 어디선가 날아온 까마귀가 무덤 위에 올라앉아 물끄러미 나를 내려다보았다. 1950년 9월 28일부터 시작된 3년 반에 걸친 빨치산 생활은 그날 그렇게 끝이 나고 말았다.

—— 나는 어떻게 빨치산이 되었나

나는 1927년 함경남도 영흥에서 머슴이었던 아버지 김순삼의 장남으로 태어났다. 고향에서는 1929년 농민동맹과 소비조합이 결성되면서 격렬한 소작쟁의가 일어났다. 1932년 2월 9일에는 면사무소와 지서를 습격하고 3월 29일에는 경찰과 교전까지 벌어질 정도였다. 주동자들은 함흥법원에서 징역선고를 받았고 장종철 같은 지도자는 14년 동안이나 복역하다 해방이 되고서야 나왔다. 나의 아버지도 투쟁에 가담해서 몇 번인가 구류를 살았다. 일본 경찰이 "이 마을은 모스크바"라고 할 정도로 항일

분위기와 좌익 성향이 강했다. 여성들도 억세서 수수밭으로 피한 마을 사람에게 밤을 빌려 음식을 나르고 함경선 철로를 기습할 때도 주저 없이 동참했다. 우리 고향에서 멀지 않은 원산에서는 1929년 1월부터 4월까지 총파업이 벌어졌다.

이런 분위기 속에서 나는 아홉 살 때 인흥공립보통학교에 입학했다. 70명 정도가 한 학년이었고 전교생은 400명가량 되었다. 선생은 여섯이었는데 1~2학년은 조선인 교사가, 3~6학년은 일본인이 맡고 교장도 일본인이었다. 초등학교를 마치고 나는 영흥명륜사설학술강습회에 들어갔다. 이 학교는 정규학교가 아니었는데 학도병에서 도망친 사람들이 선생이어서 은근히 민족사상을 심어 주었다. 나는 농민동맹으로 투옥되었던 사람들이 만든 야학에도 나가서 그들의 감옥살이 얘기를 들으면서 자랐다.

영흥군 농민투쟁의 열기가 가라앉자 일본 경찰은 농민운동 연루자와 지역청년들을 모아 1943년에 '방공단'을 만들었다. '좌익'을 반대한다는 명분을 내세워 항일운동을 아예 눌러 버리려는 시도였다. 아버지가 구류를 살아서 열일곱 살인 나도 강제 가입이 되었고 밤마다 야경을 돌았다. 집에서 5리가 넘는 주재소까지 반복해서 순찰을 돌면서 하루 열 번 도장을 받아야 그날 임무가 끝났다. 그렇게 밤을 꼬박 새우니 그다음 날은 아무 일도 할 수 없었다.

1943년 말에는 강제로 보국대에 끌려가 비행장 건설에 동원되었다. 그때 식사는 조밥과 간장이 전부였다. 그마저도 양이 너무나 적어 서로 먼저 타려고 아우성이었다. 이 작업이 끝나자마자 농업용 수로 터널 공사에 동원되었다. 야간작업을 하는 중에 조명등 카바이드를 교체하다가 폭발사고로 얼굴에 화상을 입었다. 이때가 1945년 봄이었고 병원에서 치료를 받던 중에 해방을 맞았다.

농민동맹의 전통이 있던 우리 마을에는 해방 후 곧바로 인민위원회가 만들어졌다. 친일파 집은 불탔고 그의 조상들 묘소는 파헤쳐졌다. 면장, 경찰, 지주는 모두 도망갔다. 조선공산당 영훈군당이 결성되었고 민주청년동맹(민청)과 여성동맹 등 사회단체도 속속 만들어졌다.

해방되었을 때 열아홉 살이던 나는 영흥군 민주청년동맹에 가입했다. 1946년 3월에는 조선공산당 북조선분국에 당원번호 40832로 입당했고 빨간색 당증을 받았다.

1950년 전쟁이 발발한 후 당시 영흥군 민청 부위원장이었던 나는 8월 8일 중앙당으로부터 다음 날까지 평양으로 오라는 소환통지서를 받았다. 난감했다. 아버지가 폐병으로 1945년에 돌아가시고 어머니가 홀로 어린 동생들을 돌보고 있었다. 그러나 집까지 다녀오기엔 민청 업무 인계사항이 너무 많아 "조국통일전쟁에 나갑니다. 어머니…"라고 몇 자 적다가 다른 동지에게 안부 인사만 부탁하고 평양으로 떠났다. 일주일간 교육을 받고 150명의 민청 대원들과 함께 서울행 기차를 탔다. 수색까지 기차로 갔는데 거기서부터는 미군의 폭격으로 교통편이 거의 없었다. 당은 보급도 없이 알아서 낙동강 전선까지 내려가라고 했다. 평양에서 고무신을 신고 내려왔는데 하루를 걸으니 고무신은 바닥이 떨어질 지경이었다. 천안 근처에 가서야 참외밭에서 주린 배를 채웠다. 국도변에는 주민들이 피란 가면서 버려 둔 집이 많아 밤에는 거기서 묵으며 보름 만에 하동에 도착했다.

하동에서 나는 군민청 위원장이 되어 인민군 초모사업(징병)과 물자수송을 맡았다. 전남 광양에서 오는 포탄과 식량을 등에 지고 섬진강을 건너는 작전이었다. 폭격을 피해 어두운 밤에 작업했다. 매일 300명 이상 되는 청년들을 동원했다. 그렇게 한 달여 동안 작업을 했을 때인 9월 28일, 맥아더의 인천상륙작전으로 후퇴를 지시받고 지리산으로 입산했다. "작전상 퇴각이니 너무 깊이 들어가지 말라"는 지침에 따라 평양에서 내려올 때 입었던 반소매 차림의 여름옷으로 들어갔다. 그때 하동군당은 청암면 청학골로, 군민청은 화개장터에서 쌍계사로, 농민동맹은 옥종면으로, 여성동맹은 묵계리로 들어갔다. 그렇게 시작된 빨치산 생활이었다.

── 혹독한 전향 공작에 당하다

1957년 9월 어느 날, 아침부터 전주교도소에서는 전향 권유 방송이 시작되었다. 이날은 전남부대 참모장이던 김영길과 경남도당 노영호부대의 정치위원이던 이창권이 나와서 전향서를 읽었다. 지리산에서 함께 사선을 넘나들던 동지들의 전향 선언은 가슴 아픈 일이었다. 산에서 높은 책임을 지고 있던 이들의 '전향서'는 더욱 마음을 아프게 했다.

나는 1954년 함양군에서 체포되어 국방경비법 제32조 위반으로 남원지구 고등군법회의에서 무기징역을 구형받고 10년형을 판결받아 남원포로수용소에서 전주교도소로 이송되었다.

그런데 1958년 3월 당시 법무부장관 홍진기는 전주를 전국에서 으뜸가는 교도소로 만들라며 전향 공작을 지시했다. 그는 해방 전 전주지방법원 판사로 임명되었던 반민족행위자였다. 전주교도소는 강규선, 차규왈 부장의 주도 아래 포섭되어 있던 몇몇 좌익수를 앞세워 단계별로 치밀한 전향 공작을 개시했다. 당시 전주교도소가 시행한 방법은 이후 다른 교도소에 길잡이가 될 정도였다.

우선, 교도소장 명의로 가족에게 편지를 띄워서 면회를 오게 한 후 부모를 협박하고 회유했다. 일제가 독립군을 탄압하면서 썼던 수법 그대로였다. 그리고 일반수를 통해 담배를 건

네 줘 피게 하곤 이를 빌미로 두들겨 팼다. 또 출역을 나가게 해 주겠다고 꼬드겼다. 출역을 하면 식사량이 달라졌다. 당시 교도소의 급식은 1등식에서 5등식으로 나뉘어 있었는데 비전향 장기수에겐 5등식, 하루 603그램이 책정되어 있어서 한 끼에 서너 숟갈 뜨면 끝나는 양이었다. 이런 처지에서 출역을 나가고 1등식을 먹을 수 있다는 건 큰 유혹이었다.

그래도 전향하지 않으면 운동이나 약품 지급을 금지하고 일반수와 혼숙을 시키면서 압박을 가했다. 나는 산 생활 4년 동안 이빨을 제대로 닦지 못해 어금니가 전부 썩고 잇몸이 안 좋았다. 그런데도 전혀 치료를 받지 못했다.

이런 상황에서 많은 동지가 전향서에 도장을 찍자, 나는 끝까지 버티던 30여 명의 좌익수와 함께 강제전향 중지를 내걸고 단식투쟁을 시작했다. 마지막으로 14명이 남았을 때 우리는 모두 뒤로 수갑이 채워진 채 독방에 갇혀 있었다. 하지만 교도소장도 가까이 오지 못할 정도로 대오가 단단하고 투지가 강했다. 그러자 전주교도소는 야비한 꾀를 냈다. 수갑을 끌러 주는 척하면서 뒤에서 손가락을 끌어당겨 인주를 찍고 백지에 지장을 찍게 했다. 그리고 내용을 마음대로 작성해서 "전주교도소 100% 전향"이라고 발표를 했다.

이를 보고받고 홍진기 장관은 직접 전주교도소를 방문하여 "전국에서 첫 번째로 과업을 달성했다"라고 치하하고 담당

교도관들에게 1계급 특진 포상을 주었다. 당시 계호과장이었던 최한풍은 이때 공로를 인정받아 진주교도소장이 되었다.

—— 출소와 머슴살이, 그리고 결혼

"853번, 내일 출소한다."

"네, 그게 무슨 말?"

1961년 8월 14일 수원형무소 보안과장은 나를 불러 다음 날에 출소한다고 말했다. 1954년 체포되어 10년 징역형을 받았으니 아직 만기가 3년 정도 남았는데 그해 5·16쿠데타를 일으킨 박정희가 광복절 특별 사면 조치를 했고 내가 거기에 포함된 것이다. 난감했다. 그렇게 일찍 나가리라 예상을 못 했다. 수중에 돈도 없고 갈 곳도 없었다.

출소할 때 수원교도소는 보관하고 있던 빨치산 시절의 옷을 내줬다. 하지만 옷은 거의 다 삭아 버려 입을 수가 없었다. 옷을 한 벌 얻어 입고 교도소 문을 나서며 빡빡머리를 감추기 위해 밀짚모자를 하나 샀다.

출소 후 이곳저곳을 전전하다 마침 수원형무소에 같이 있었던 일반 재소자 김연녕과 연락이 닿았다. 그는 화성군 장안면에서 제법 농사를 크게 짓고 있었다. 나는 그에게 가서 농사

일을 도왔다. 말하자면 머슴이 된 셈이니 아버지에 이어 2대째 머슴살이를 하게 된 것이다.

체격이 건장했던 나는 김을 잘 매고 모도 잘 심었다. 아버지 일을 도우며 학교를 다닌 덕분이었다. 또 고향에서 익힌 방법대로 밭고랑 사이에 토마토와 참외를 심었다. 장안면에는 없던 방법이었다. 마을 공터에는 요즘에 김장용 배추라 말하는 호배추(중국에서 들어온 배추라 호배추라고 불렀다)를 심어 큰 풍작을 이뤘다. 동네에서는 모두 배추 농사를 배우겠다고 난리였다. 정월대보름 같은 잔치 때는 민청 시절 배운 댄스를 선보여 동네 처녀들 마음을 흔들어 놓았다. 그곳 홍천리는 학교도 멀어 무학 아동이 많았다. 나는 칠판 하나 가지고 야학을 열어 함경도 도당 간부학교에서 교육받은 역사, 지리, 영어를 가르쳤다.

덕분에 능력 있고 유식한 머슴이라는 평판을 얻어 이곳저곳에서 중매가 들어왔다. 그때 지금의 아내를 만났다. 새경으로 받은 돈으로 양복 한 벌과 신발 한 켤레를 맞춘 다음 두 돈짜리 반지를 예물로 주고 면 소재지에서 병풍을 세워 놓고 혼례를 치렀다.

결혼을 하니 머슴을 계속할 수는 없었다. 처가살이할 생각도 없었다. 마침 처가 친척 중에 목수 일 하는 사람이 서울에 살고 있었다. 나는 수원형무소에서 목공반으로 출역을 나갔던 터여서 그 일에는 자신이 있었다. 그래서 결혼반지를 팔아 톱,

대패, 망치 그리고 연장 가방을 사서 서울로 왔다. 그게 1963년 6월 14일이었다.

서울로 올라온 우리 부부는 옥수동 산꼭대기에 보증금 3000원, 월세 300원 하는 단칸방을 얻었다. 부엌이 딸려 있으나 애를 업고 돌지도 못할 정도로 좁았다. 종이상자를 접어 쌀 뒤주로 삼고 찬장은 사과 궤짝으로 대신했다. 그곳에서 나는 처가 친척의 소개로 영등포에 있는 조흥화학공장으로 목수 일을 나갔다. 몇 달 후 아내는 첫애를 배어 친정으로 갔다.

그때부터 나는 혼자서 밥을 끓여 먹으며 현장을 다녔다. 아침 다섯 시에 일어나 밥을 짓고 도시락을 싸서 7시까지 출근했다. 저녁에 돌아오면 연탄불에 밥을 올리고 지금 옥수역 근처에 있는 약수터로 갔다. 수돗물 값을 아끼려고 왕복 한 시간을 들여 옥수동 고개로 물을 져 날랐다. 돌아와 보면 연탄불에 올린 밥이 타기 일쑤였다. 그렇게 늦은 저녁을 먹고 나면 밤 10시나 11시가 되었다. 당시 일당이 시원찮아 한 달치 쌀을 사면 30봉지로 나눴다. 하루에 꼭 그 봉지만큼만 밥을 지었다. 먹고 싶은 만큼 지으면 금방 쌀이 떨어져 한 달을 버틸 수 없었기 때문이다. 설거지를 대충 마치고 단칸방에 누우면 금세 허기가 느껴졌다. 어두운 천장을 바라보면 헛웃음이 나왔다. 머슴 집에 태어나서 어렸을 때도 배를 곯았다. 보국대에 가서는 한 주먹밖에 안 되는 조밥을 먹었다. 지리산에 들어가서는 굶는 날이 밥 먹는 날보다 많았다. 수원교도소에서는 5등식을 받아먹으며 늘 허기졌고, 목수 일을 나가는 지금도 배가 고프니, 내 인생은 배고픈 팔자인 게다.

조흥화학공장 일이 끝나고는 현장 일이 드물어 공치는 날이 많았다. 1965년 10월 어느 날, 현장이 뚝섬에 있는 공룡콘크리트 공업진흥주식회사를 찾아갔다. 그 회사는 형틀을 가지고 조립식 주택을 짓는 곳이었는데 다행히 일을 나오라고 했다. 그런데 작업을 하다 보니 마지막 공정에서 아귀가 안 맞았다.

살펴보니 형틀 계산이 잘못되었길래, 이를 현장소장한테 알렸다. 현장소장은 본사 전무가 설계했으니 틀림없을 거라고만 했다. 나는 퇴근 후 계산한 그림을 다음 날 다시 보여 주고 잘못을 지적했다. 이 보고를 들은 전무가 직접 현장에 나왔고 나는 설계도면에 삼각자와 티자를 대고 이를 설명했다. 전무도 수긍했고 나는 그 자리에서 정식 기사로 채용되었다. 그날 나는 기쁜 마음에 뚝섬 현장에서 금호동 집까지 한달음에 내달렸다. 아내가 모아 둔 돈을 헐어 돼지목살을 사고 첫째를 무릎에 앉혀 놓고 조촐한 잔치를 벌였다.

그 이후 나는 다양한 현장에서 경험을 쌓았다. 1970년에는 광진건설에 들어가 공구부장이 되어 대성리에 있는 여학생 수영장 공사를 진행했고 감자 원종장도 설계했다. 1976년 10월에는 강화군 합동건업에 들어가 강화도 삼삼면의 양수발전소를 짓는 현장소장이 되었다.

—— '빨대'를 꽂은 경찰들

"여보, 큰일 났어요. 경찰서에서 형사들이 당신을 찾아왔어요."

퇴근 후 금호동 집으로 돌아온 내게 아내는 다급하게 얘기
했다.

걱정했던 대로 1975년 제정된 사회안전법의 그물망이 조
여 온 것이다. 사회안전법은 국가안정과 사회 안녕을 유지한다
는 명목으로 만들어졌으나 사실은 박정희가 민주화운동을 탄
압하기 위해 만든 반인권 악법이었다. 이 법에 따르면 출소 장
기수는 거주지 관할 경찰서에 주소와 직장은 물론 일상생활에
대해서도 신고를 해야 했다. 이 법이 제정되었을 당시 나는 강
화도 현장에서 일하고 있었는데, 그곳은 북과 가까워 매일 해
병대의 승인을 받고 들어가는 지역이어서 내가 '빨치산' 출신
임이 드러나면 허가가 나올 리 만무했다. 그래서 그냥 버티면
서 계속 신고를 하지 않았다.

그 후 1977년 12월에 대성건설에 들어갔는데 이 회사가 대
농건설로 흡수되어 나는 1978년 1월에 토목부장 겸 경남 진영
의 현장소장이 되었다. 바로 이 무렵에 누군가가 나를 사회안

전법 위반으로 경찰서에 신고했고 형사들은 보름 동안 탐문 끝에 지금은 재개발로 지번이 없어진 금호동 3가 1448번지에 있는 우리 집을 알아낸 것이다.

아내는 안절부절못하고 눈물까지 그렁그렁했다. 나도 내심 당황했지만 우선 아내를 진정시키고 받아 둔 명함으로 전화를 걸었다. 다음 날 충무로에 있는 대한극장 앞 다방에서 형사 세 명을 만났다. 그들은 자리에 앉자마자 "김교영이! 신고 안 하면 사회안전법으로 징역 사는 거 몰라?" 하며 협박을 했다. 지리산에서 수많은 총격전을 겪었건만 '징역'이라는 단어는 칼 끝처럼 몸을 파고 들었다. 전주교도소에서 강제전향을 당하며 겪었던 고문의 악몽이 떠올랐기 때문이다. 나는 "맡고 있는 건설현장이 당시 강화도에 있어서 거기서 숙식을 하느라 사회안전법이 제정된 줄 몰랐다"고 둘러대며 대농건설 부장 명함을 건넸다. 그들은 적이 놀라는 눈치였다.

내 명함을 받아 든 형사는 어떻게 대농건설에 들어갔으며 월급은 얼마나 되는지를 꼬치꼬치 캐묻고 문방구에서 사 온 편지지를 펼쳐 그 자리에서 자술서를 쓰게 했다. 거주지 신고를 안 한 이유와 앞으로 자신들에게 동향보고를 하고 이를 어길 시 어떤 처벌도 감수한다는 내용이었다. 건장한 형사 셋 앞에서 중년의 내가 그들이 불러 주는 대로 받아 적고 있으니 다방 안의 눈길이 모두 나를 향했다.

그 후 형사들은 돌아가면서 사흘 단위로 호출을 해서 3일 간의 생활에 대해 자술서를 쓰게 했다. 낮이고 밤이고 맘대로 불러댔다.

시도 때도 없이 형사들에게 소환을 받다 보니 회사 업무를 제대로 볼 수 없었다. 외부 출장이 많아 늘 시간이 빠듯했고 회사에 복귀하면 업무일지를 써야 하는데 형사를 만났다고 쓸 수는 없었다. 그때 금호동 집은 110만 원을 주고 산 생애 첫 집이었다. 3남매는 이제 중·고등학생으로 한창 크고 있었고 정년퇴직인 55세까지는 몇 년이나 남아 있었다. 출소한 다른 장기수가 내가 맡은 현장에 와서 일도 많이 했고 때로는 자재납품도 하는 상황이어서 대농건설 토목부장 자리는 소중했다. 당연히 회사에 내가 '빨치산' 출신임이 알려져서는 안 되었다.

할 수 없이 형사들에게 사정을 봐 달라고 호소했더니 그들은 그제야 속내를 비쳤다. "대기업 공무부장으로 돈을 많이 버니 월급의 3분의 2는 우리에게 주고 3분의 1로 생활해라. 그러면 회사에 알리지도 않고 사흘 단위로 보고하지 않아도 된다"고 했다. 기가 막혔지만 이를 받아들일 수밖에 없었다. 형사들은 5년 동안 나를 그렇게 우려먹더니 거주지 관할 성동경찰서로 넘겨 버렸다. 단물이지만 오래되니 뒤탈을 염려한 눈치였다.

성동서의 새로운 담당 형사도 마찬가지였다. 상고를 나온 딸이 취직할 때 첨부해야 하는 소견서를 잘 써 주겠다는 조건으로 돈을 요구했다. 결국 나는 사회안전법으로 경찰에게 포착된 후 1984년 7월 30일에 퇴직할 때까지(일반적으로 55세가 퇴직 연령인데 58세까지 일했다) 그들에게 단물을 빨리며 생계를 꾸려나가야 했다. 그래서 대기업 부장으로 정년퇴임을 했건만 돈을 모을 수 없었다. 아이들도 아직 공부 중이라 1986년 8월부터 길음1동에서 대우여관을 임대해 숙박업을 했다. 나중에는 문화촌에 있는 세원여인숙을 임대해서 두 군데를 운영했다. 다행히 1987년 6월항쟁으로 민주화가 이루어지고 그 결과 1989년 5월 사회안전법이 폐지되면서 장사는 편한 마음으로 했다. 그러나 숙박업 환경이 많이 변하면서 세원여인숙 같은 경우는 임대료가 50만 원, 기름값이 50만 원인데 매출이 백만 원도 안 됐다. 그래서 내 나이 일흔둘이던 1998년 7월 10일 대우여관과 세원여인숙을 접고 집에 들어앉았다.

—— 여생의 바람은 지리산의 기록을 남기는 것

내 여생 마지막 바람은 그동안 내가 오랜 세월을 모으고 작성한 자료와 메모가 지리산을 기록하는 일에 쓰이는 것이다.

나는 수원교도소에서 출소하여 장안면에서 머슴을 살 때부터 지리산에서 조국과 인민을 위해 투쟁했던 일을 정리했다.

자택에서 찍은 김교영 선생. 그의 뒤에 있는 서가에 평생 모은 자료가 있다. 그는 지리산의 기록을 남기는 데 큰 열의를 보였다.

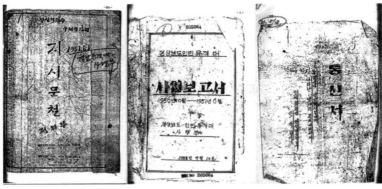

| 그가 모으고 간직한 빨치산 자료의 일부. |

대학노트 몇 권의 분량으로 언젠가 세상을 내보일 작정이었다. 그런데 '사회안전법'으로 형사들이 나를 찾아오자 장모가 불안한 나머지 장독대에 숨긴 것을 모두 태워 버렸다. 그 소식을 들었을 때, 마치 내 몸이 불태워진 느낌이었다. 그 당시는 기억도 선명해 꼼꼼하게 기록해 놨었다.

그 후 다시 마음을 추슬렀다. 여관 일을 하면서 손님을 기다리다 보면 언제나 밤을 새웠다. 그 고요한 시간에 나는 다시 지리산을 기록해 나갔다.

빗점골과 거림골에서 쫓겨 가며 들이켰던 계곡물, 몇 날 며칠을 굶은 채 세석평전에 다다라서 만났던 상고대, 어느 비탈길에서 주검을 낙엽으로 덮으며 만난 천왕봉의 노을빛.

긴 밤을 밝히며 쓰고 또 썼다.

52년 1월 대성골에서 쓰러져간 동지의 이름 하나하나! 환자트를 가린 나뭇가지 옆에 무심히 핀 민들레, 동상 때문에 똑똑 부러진 발가락들, 그날 어머니를 뵙지 못하고 평양행 기차를 탔던 죄스러움.

그렇게 매일매일 써 내려 갔다.

그러노라면 대우여관에는 어김없이 새벽이 찾아왔다.

못다 한 이야기

- 필자는 2020년 여름 김교영 선생과 인터뷰를 했는데 워낙 고령이어서 문답이 원활하게 진행되지 않았다. 다행히 선생이 15년 전 '통일광장'(대표 권낙기)의 도움을 받아 16시간에 걸쳐 생애사를 구술한 영상이 있어서 부족한 부분은 이를 참조해 이 글을 썼다.

- 1989년에 발간된 『실록 정순덕』 중권 232쪽 12줄에는 노영호부대 정치위원 이창권을 김교영 선생으로 오인한 서술이 있다. "김교영이 체포되어 부는 바람에 많은 동지들이 잡혔다"라는 문장이 그것이다. 김교영 선생은 이를 바로잡아 달라고 정순덕에게 요구했고 정순덕은 착각에서 비롯된 잘못이니 『실록 정순덕』 하권에 정오표를 붙이는 식으로 바로잡기로 했다. 그런데 하권에서 이 약속이 반영되지 않았다. 대신 정순덕은 김교영 선생에게 "김 선생님 용서 빕니다. 죄송합니다. 1992년 3월 8일 정순덕 드림"이라고 자필 편지를 썼다. 이 일은 그가 지리산 빨치산에 대한 정확한 기록에 집념을 갖게 된 하나의 이유가 되었다.

- 최초에 찾아온 형사들과 성동서 형사들의 실명은 김교영 선생이 정확하게 구술했다. 하지만 50여 년 가까이 된 일이고 당사자 사실 확인의 어려움이 있어서 여기선 실명을 밝히지 않았다. 김교영 선생은 최초에 찾아온 형사들을 남부서 소속이라고 했는데 서울에 남부서는 존재하지 않는다. 아마 연로한 상태에서 착오를 일으킨 것으로 여겨진다.

- 김교영 선생은 인생의 마지막은 고향 함경남도에서 눈을 감겠다고 2차 송환 신청을 했다. 하지만 소원을 이루지 못하고 2021년 8월 2일 눈을 감았다.

강담

고마운 아내에게
차마 얘기하지 못한 소원

"고향으로 돌아가
남겨 놓고 온 아내와 아이들을
보고 싶습니다."

강담

2020년 5월, 강담은 아내와 양심수후원회의 이정태 운영위원 손에 이끌려 요양원으로 들어갔다. 그해 1월 초에 강담은 정기 건강검진을 받았는데 폐가 까맣다고 큰 병원으로 가 보라는 권고를 받았다. 평소 가슴이 아팠기에 서둘러 이화여대 발산병원으로 달려가니 이미 폐암 4기이고 물이 많이 찼다고 했다. 3일에 걸쳐 물을 빼내고 두 차례에 걸쳐 항암치료를 했는데 구순을 바라보는 그에게 무리였는지 계속 토하면서 쓰러졌다.

강담의 건강이 나빠진 건 2005년에 뇌경색을 앓고부터. 야간 경비 일을 하던 어느 날 아침, 눈을 떴는데 몸을 움직일 수 없었다. 다행히 회사 동료가 응급실로 데리고 가 겨우 회복되었다. 그런데 2017년에 다시 뇌경색이 왔고 이후부터 말이 어눌해졌다. 움직임도 굼떠지고 치매 증상까지 나타나 점심 먹고서는 "이제 저녁 먹었으니 자리 깔고 자자"라고 말해 아내에게 구박도 꽤 들었다.

이런 상태에 말기 폐암까지 겹치니 강담은 남은 기간 편안히 지내겠다며 항암치료를 거부하고 진통제만 한 보따리 처방받았다. 그는 아내의 고생을 생각해 요양원으로 가길 원했다. 집에서 가깝고 같은 처지의 장기수가 입소해 있는 김포의 한 요양원으로 가려 했다. 그런데 대기가 길어지면서 양심수후원회의 사무국장이었던 강이숙이 운영하는 공주의 '상록수 요양원'을 택한 것이다

입소한 날 저녁 그는 휠체어를 타고 강 원장과 함께 금강 기슭으로 산책을 하러 나갔다. 5월의 저녁 바람은 부드럽게 살랑거렸고 멀리 강 너머로 저물어 가는 햇살은 주변을 은은하게 물들였다. 강담은 "아내는 집으로 잘 가고 있으려나, 차가 막힐 텐데…" 하며 중얼거렸다.

5월의 저녁 햇살이 저물자 기온이 금세 내려가면서 강담의 기침이 잦아졌다. 그는 아내가 어디쯤 가고 있는지 궁금해 전화를 하려다 멈칫했다. 아내가 오후에 올라가면서 "마음 단단히 먹고 있으라"고 신신당부했는데 그새를 못 참아 전화했냐고 타박할 것 같았다.

함경남도 홍원이 고향인 강담은 1953년 휴전협정이 체결되고 입대해 두만강 유역 경비함대에서 특무상사로 8년간 복무했다. 제대 후에는 해양고등학교에 입학해 항해사 자격증을 땄고 졸업 후에는 청진수산사업소의 3등 항해사가 되어 사할린을 오갔다.

1964년 8월, 강담이 1961년 결혼해 딸 선자, 아들 길모를 얻은 지 얼마 안 되었을 무렵 노동당 연락부는 해군 시절 당에 가입했던 강담을 소환했다. 그는 "통일사업을 해 보자"는

말기 암으로 요양원에 들어간 강담 선생. 그는 결국 그곳에서 생을 마감했다.

제안을 받아들였다. 그때부터 고성 해금강 부대에 소속돼 주문진과 속초를 오가며 기밀문서를 전하거나 연락원을 실어 날랐다.

체포된 것은 1965년 3월 5일, 공해상에서 울릉도 바다 쪽으로 들어가고 있을 때였다. 그날 파도와 눈보라가 심했는데 멀리 구름 같은 게 보였다. 10노트 정도 속도로 천천히 다가갔는데 가까이 가 보니 남측의 91구축함이었다.

일장기를 달고 일본어선 흉내를 냈는데 상대는 속지 않고 정선 명령을 내렸다. 황급히 강담을 포함 여덟 명의 대원이 회의를 열고 전투를 결정했다. 무장선이 아니어서 가지고 있는 무기는 대전차 수류탄 정도. 500톤이 넘는 규모의 구축함에 수류탄을 던져 봐야 아무 의미가 없었다.

방향을 돌려 도주하는데 구축함에서 "멈춰라", "항복하라"라는 방송이 계속됐다. 도망가는데 먼 하늘에서 비행기가 다가왔다. 강담 일행은 원산에서 지원이 온 줄 알고 환호했다. 알고 보니 강릉비행장에서 구축함과 협공을 하려고 뜬 전투기였다. 강담이 탄 배의 앞쪽으로 공중에서 기총사격을 해 대니 결국 배는 멈출 수밖에 없었고 여덟 명은 모두 체포되었다.

강담은 강원도 삼척항에서 이송되어 미군 합동수사본부와 방첩대에서 6개월간 조사를 받고 무기징역을 선고받았다. 이때 라병구 선장과 이준영 부선장은 사형을 선고받았다. 강담은 그로부터 24년간 복역하고 수번 1230번을 달았던 광주교도소에서 1988년 출소했다.

—— 북에서 내려온 전과자를 받아 준 아내

강담이 남쪽에서 결혼한 것은 1989년 12월 1일, 그의 나이 57세 때였다. 강담에게 전도를 하던 교회의 권사가 다리를 놨다. 아내는 그때 초혼에 실패한 상태로 동생 집에서 지내고 있었다.

첫 번째 만남은 서울 화곡동의 숙다방에서 이뤄졌다. 열다섯 살 아래인 아내와 처음 만났을 때 강담은 나이를 열 살이나 속였다. 또 북에서 내려왔다는 사실도 말 못 하고 "화곡동에서 150만 원짜리 방 한 칸에 살고 있고 모델하우스에서 야간경비 일을 한다"고 자기를 소개했다.

두 번째로 숙다방에서 만났을 때 여러 번 망설이다가 강담은 털어놓았다. (그래도 나이만은 고백하지 못하고) "나는 북에서 통일사업 하러 내려왔다가 24년간 교도소에서 살았다. 북에 아내와 두 아이가 있고 내려올 때 배 속에 막내도 있었다"라고 고백했다. 그러곤 결혼하면 "어떻게든 집은 해결하겠다"는 얘기를 작은 목소리로 늘어 놓았다.

숨죽이며 듣던 아내는 식은 커피를 벌컥 들이켰다. 숙다방의 마담은 중늙은이 남녀가 데이트인 듯 아닌 듯 얘기를 나누는 모습에 눈을 떼지 못했다. 마담이 '커피 석 잔' 주문 전화를 받을 때 아내는 "나 혼자 결정할 수 없다. 오빠들과 상의를 해야 한다"라며 강담을 마담 눈길에 남겨 놓고 빠져 나갔다.

처가에서는 단연코 반대였다. 큰처남은 6·25 참전 군인이었고 장교로 예편한 몸이어서 더 심했다. 둘째 처남도 마찬가지였다. 하지만 아내는 동생 집에서 짐을 꾸려 강담의 화곡동 단칸방으로 찾아왔다.

놀란 강담 앞에서 아내는 "북에서 내려왔다는 고백을 들었을 때 도와주고 싶고 불쌍하다는 생각이 들었다. 당신이나 나나 오갈 데 없는 몸이다. 나는 결혼에 실패했고 당신도 누구 하나 의지할 사람이 없지 않냐. 우리 잘 살아 보자. 여기서 실패하면 안 된다"며 속마음을 털어놨다. 두 사람 사이에는 침묵이 흘렀다. 단칸방의 형광등이 긴 하품을 할 때 강담은 무릎걸음으로 다가가 아내의 손을 꼭 잡았다. 움켜쥔 그의 손등 위로 눈물 한 방울이 '톡' 떨어졌다.

그렇게 단칸방에서 신접살림이 시작됐고 고맙게도 주변에서 부부를 많이 챙겨 주었다.

강서구 화곡동 동장은 이들의 딱한 사정을 듣고 동사무소를 결혼식 장소로 내줬다. 사진 촬영은 생략했고 신혼여행은 훗날을 기약했지만 어엿하게 식을 올렸다. 동장이 임대아파트도 알아봐 주고 서류까지 챙겨 줘 부부는 1992년에 입주할 수 있었다. 강담의 약속대로 "집은 어떻게든 해결"한 셈이다.

징역에서 알게 된 사람 소개로 만난 창의건설 대표는 강담이 자기 회사에서 모델하우스 경비 일을 할 수 있게 거둬 주었다. 결혼 음식까지 장만해 주었던 그는 임대아파트에 입주할 때는 집들이 잔치까지 거들었다. 강서경찰서 보안과도 '사찰'만이 아니라 나름 역할을 했다. 건설회사가 부도가 나 모델하우스 경비 일이 끊겼을 때 강담은 경찰서를 찾아갔다. "먹고 살게 해 주든지, 북으로 보내 주든지 한 가지를 택하라"며 바닥에 드러누웠다. 보안 2계장은 "강 선생님, 왜 이러세요" 하며 분주히 움직여 강서구의 한 아파트 단지 경비 자리를 만들어 주었다.

이런 도움 덕에 부부는 살길을 헤쳐 나갔다. 물론 아내도 쉼 없이 유치원 청소며 반찬가게 일 등을 했다.

어느새 서쪽 해가 금강 너머로 완전히 지고 강변에는 어둠이 내렸다. 강담은 겉옷을 하나 더 입고 목도리를 둘렀다. 강둑을 따라 등불이 하나둘 켜진다. 함께 노을을 바라보던 원장이 북녘 자제분 얼굴은 기억나냐고 물었다. 교도소에서 복역할 때만 해도 또렷했던 얼굴인데 이제는 희미하다. 떠나올 때 북녘의 아내 박원옥은 스물여덟 살, 애들은 네 살, 두 살이었다. 아내에게 "다녀올게" 하며 마실 가듯 인사하고 나왔는데 이렇게 오랜 세월이 흐를 줄 몰랐다. 죽기 전에 한 번만, 꼭 한 번 다시 볼 수 있기를 바랄 뿐이다.

—— 강제전향의 아픈 상처

사실 강담은 북으로 간다는 건 꿈도 못 꿨다. '강제전향'의 아픈 상처 때문이다. 1973년 강담이 있던 광주교도소의 가을은 잔인했다. 1973년 11월 14일 관구부장이 (장기수가 있는) 특별사동에서 "방을 옮길 것이니 준비하라"고 갑자기 외쳐 댔다. 또 운동, 편지, 목욕, 약 처방, 면회, 독서 등 모든 게 금지된다고 소리쳤다. 그러면서 0.75평 방에 열다섯 명씩 집어넣었다. 눕는 것은 말할 것도 없고 앉을 수조차 없었다.

다음 날 민방위 훈련이 끝나자마자 교도소 내에 수감되어 있던 깡패들이 "전향하라"고 악악대며 몽둥이를 휘두르기 시작했다. 광주교도소 교무과장이 직접 선발한 일반 죄수 원○○, 정○○ 등은 수갑과 포승을 들고 감방 열쇠까지 지닌 채 설쳐 댔다.

폭력만이 아니라 물고문까지 했고 12월 추위에 세면장으로 끌고 가 옷을 벗기고 찬물을 끼얹었다. "전향하라"라고 부르짖으며 물을 적신 포승줄로 언 몸을 사정없이 때렸다. 장기수들은 살갗이 찢어지고 몸에서 피가 흘렀다. 그렇게 힘겹게 버티던 어느 날, 강담은 모르스부호로 옆 방 재소자와 교신 중이었다. 그 소리를 듣고 교도관이 들어와 "언제 전향서 쓸 거야?" 하면서 주먹을 휘둘렀다. 이때 그는 고막이 터질 정도로 큰 부상을 입었다.

당시 광주교도소에서는 이런 만행으로 1973년 11월부터 1974년 4월까지 특사에 있던 장기수 68명 중 40명을 강제로 전향시켰는데 강담도 이 부류에 끼고 말았다.

그래서 강담은 출소 후에도 전향'당했다'는 죄책감에 출소 장기수들과 교류하지 못하고 아내와 웅크리고 살았다. 그런데 '전향했다'는 이유로 1차 송환에서 제외된 정순택 등 33명이 2001년 6월 3일 '장기구금 양심수 전향무효 선언과 북녘 고향으로의 송환 촉구 기자회견'을 했다. 이에 발맞춰 '비전향 장기수 송환위원회'가 통일부에 제2차 송환 명단을 제출했다.

한편 2004년 의문사진상규명위원회는 "강제전향은 헌법이 보장하는 인간의 존엄성과 양심의 자유를 침해하는 행위"이며 "강제전향에 저항하다 숨진 장기수는 민주화운동 관련 사망"이라고 발표했다.

이런 국가기관의 결정에 힘입어 강제전향은 원천 무효가 되었다. 마침 통일부 장관에 정동영이 취임하면서 2005년을 전후해 2차 송환 분위기가 무르익었다.

이런 정세변화를 지켜보며 강담도 용기를 내어 2차 송환 신청서를 냈다. 그런데 보수단체의 반발, 국군포로와 맞교환 등이 거론되면서 송환은 흐지부지되고 말았다. 그 후 강담은 10여 년 동안 속만 끓이면서 세월을 보내다가, 문재인 정부 들어 남북 간 화해 분위기가 조성되고 2018년 판문점에서 남북정상회담이 이뤄지자 다시 기대를 걸고 있었다.

강변이 깜깜해지자 "이제 바람이 차가워요. 들어가시지요" 하고 강 원장이 권한다. 쿨룩쿨룩 발은기침이 나오고 가래도 끓는다. 의사 얘기로는 길면 반년이라고 했는데 2020년 1월에 말기 암 판정을 받았으니 한 달이나 남았으려나. 강담은 다시 핸드폰을 만지작거렸다. 아내가 집에 잘 가고 있는지 마음이 영 불안하다.

—— 아내는 북으로 가라고 했다

아내는 오후에 강담이 입소해 방도 안내받고 목욕도 할 무렵, 마당에서 잠시나마 강 원장에게 그동안 쌓인 얘기를 털어놨다.

"원장님에게 이 양반을 맡기게 돼서 정말 마음이 무겁네요. 어젯밤엔 말도 못 할 정도였어요. 자다 말고 남편이 몸을 뒤척이며 지팡이를 찾는지 방바닥을 휘휘 저었어요. 이젠 혼자 일어나지도 못하잖아요. 갑자기 '나 좀, 나 좀' 소리치길래 그냥 들쳐 일으켜 화장실로 가는데 세상에 줄줄 흘러서 기저귀 밖으로 다 새는 거예요. 변비가 심해서 관장약을 세게 썼더니 사달이 난 거죠.

할 수 없이 옷 다 벗겨 씻기고 기저귀 갈아입혀 눕혔더니 또 줄줄, 요도 다 젖고 방바닥까지 흐르고 내 옷도 범벅이 되고. 그래, 어떡해. 다시 씻기고 요는 걷어서 100리터짜리 쓰레기봉투에 밀어 넣고, 바닥은 걸레로 몇 번씩 닦고, 허리가 끊어지더라구요.

아, 그런데 벽에 걸려 있는 칠순 사진에서 이 양반이 떡하니 웃고 있더라구요. 그래서 당신이 오만 정을 다 떼고 가려구 작정했나 보네, 내가 막 성질을 내 버렸지."

가만히 듣고 있던 강 원장이 "고생하셨어요. 이제 저희가 잘 돌봐 드릴게요" 하며 강담의 아내 손을 꼭 잡았다. 그녀는 고맙다고 인사하면서도 얘기를 멈추지 않았다.

"우리 집이 11평이니 방이 거실이고 거실이 부엌이야. 정말 코딱지 같은데 산송장이래도 사람 있을 때 하고 없을 때 하고 같나. 이 양반 뇌경색 앓고서도 야간 경비 일을 쉬지 않았잖아. 아침에 퇴근할 때 맞춰 밥상 준비하고, 들어오면 '당신 왔어' 하며 내가 살갑게 대했는데 이제 그런 재미마저 없게 되었네요."

강담 선생의 사모님 모습. 강담 선생을 품어 준 사모님은 한 많은 세월을 이야기하며 눈물이 그치지 않았다. (사모님의 요청으로 성함은 밝히지 않았다)

강담의 아내는 깊은 한숨을 내쉬었다. 들려주고 싶은 게 많아선지 목욕을 마치고 거실로 나오는 강담의 모습을 창문으로 보면서도 아내의 얘기는 이어졌다.

"이 양반이 2005년인가? 며칠간 밥도 안 먹고 못 피우는 담배를 피우더라구. 그래서 내가 욕을 해 댔지. 뇌경색 앓는 사람이 담배 피면 어떡하냐구. 그래도 담배를 안 끊는 거야. 그래서 뭔 일이 있나 속으로 나도 끙끙 앓았지. 근데 어느 날 저녁 먹고 이 양반이 출근하는데 일기가 보이더라구. 이 양반이 대단한 게 눈이 침침해도 일기를 빼놓지 않고 써. 뭐 군사훈련 중단하라고 미군부대 앞에서 시위한 얘기부터 오만가지가 다 있어. 그런데 2차 송환인가에 신청하고 싶은데 아내가 15년이나 나이 많고 북에서 내려온 자기를 받아 준 걸 생각하면 그럴 수 없다고 써 있더라구. 그래서 알았지. 이 양반이 이것 때문에 마음고생하다가 담배까지 피웠구나.

그래서 다음 날 퇴근해서 왔을 때 내가 앉혀 놓고 그랬어. 나는 괜찮으니 당신 북으로 가라, 고향 아니냐? 당신 맘 다 안다. 그랬더니 이 양반이 내 손을 잡고 연신 고맙다 고맙다 하는 거야. 60년간 기다렸을 북쪽 아내에게 '여보, 나 돌아왔어. 고생 많았지…' 그 말 한마디만은 하고 싶다는데 그 모습이 짠했어요. 사실 난 속으로 서운했지. 펄쩍 뛰지는 않아도 '당신 두고 내가 어딜 가냐' 그런 소리 듣고 싶었는데 그다음 날부터 송환

서류 낸다고 들떠서 움직이는 모습 보니 오만 정이 다 떨어지더라구. 그때는 이 양반이 나를 두고 떠나겠다고 했는데 이제는 내가 이 양반을 여기 두고 떠나는 셈이 되었네…."

강 원장은 얘기를 듣다가 그녀에게 다가가 등을 어루만지고 가볍게 포옹을 했다. 그때 목욕을 마친 강담이 휠체어를 타고 나왔다. 강담의 아내는 등을 돌려 눈물을 훔치더니 "여보, 나 이제 올라갈게. 당신 여기서 마음 단단히 먹고 잘 있어. 당신은 이제 여기서 여생을 마쳐야 하고 나는 집에서 죽어야 해" 하고 강담한테 다짐하듯 얘기했다. 강담은 입을 벌린 채로 아내에게, 또 함께 배웅 와 준 동지에게 어서 올라가라고 손짓을 했다.

코로나로 모든 요양원에 면회금지 명령까지 내려진 상황이라 이날 올라가면 언제 만날지도 모르는, 기약 없는 이별인 셈이다.

그렇게 속마음을 강 원장에게 털어놓고 떠나간 아내를, 강담은 금강둑에서 노을을 보는 내내 생각했다. 집에 잘 도착했는지, 자기가 없는 집에 냉기가 돌지는 않는지 못내 궁금하고 걱정이 됐다. 금강둑에서 요양원으로 돌아가는 길, 이제는 목소리를 들어 봐야겠다고 번호를 누르다가 "마음 단단히 먹고 있으라"는 소리나 또 들을까 봐 통화 대신 문자를 보냈다.

"여보 북녘에 내 딸 선자, 아들 길모가 당신 여생을 책임질 거니까, 내가 먼저 가도 너무 걱정 마." 그리고 한 문장을 더 보됐다. "그동안 고마웠어 사랑해."

요양원으로 돌아가는 길은 깊고 깊은 어둠이다. 강 원장이 미는 휠체어는 삐걱대며 조금씩 나아갔다. 강담의 작은 어깨가 마른기침이 나올 때마다 들썩인다. 고개는 자꾸 옆으로 처지고… 어디선가 반딧불이 하나가 기울어지는 강담의 어깨에 가만가만 내려앉는다.

못다 한 이야기

• 이 글은 2년 전인 2020년 5월 강담 선생을 인터뷰한 내용을 바탕으로 썼다. 입소한 날의 하루를 그려내는 방식으로 강담 선생의 삶을 짧게나마 되살렸다. 인터뷰 후 3개월이 지난 2020년 8월 21일 밤 9시 43분 선생은 꿈에도 그리던 북쪽의 가족을 보지 못하고 생을 마쳤다.

박희성

분단으로 이산가족이 된 건
매한가지인데…

"주민등록
뒷 번호는 1000000,
광주교도소 옛터가 본적지입니다."

박희성

1935.3.24.	평안북도 박천군 동남면 송봉동에서 부친 박기정과 모친 석병실의 2남 2녀 중 차남으로 출생
1948.	구성군 관서인민학교 졸업, 관서중학교 입학
1950.10.19.	16세 나이로 조선인민군 자원입대
1951.	군공 메달 수여
1952.5.24.	전사영예훈장 2급 수여, 화선입당
1956.	208탱크 군관학교 입학
1957.	고혈압으로 제대 후 귀향, 선전부 영화 상영기사 생활
1959.	중앙당 소환, 해주 해상공작 임무. 결혼
1961.	아들 동철 출생
1962.6.1.	경기 화성 남양만에서 체포
1988.12.24.	27년 복역 후 광주교도소에서 양원진, 강담 선생과 함께 출소 이후 범민련 고문, 평통사 고문, 양심수후원회에서 통일운동 활동
2008.~	낙성대 만남의 집에서 생활함

동철아! 동철아!

　박희성은 허우적거리면서 이름을 불렀다. 이제 세 살 된 녀석은 고샅길로 막 내달렸다. 아 돌부리에 걸려 넘어질 텐데, 달려가 잡고 싶은데 발을 뗄 수가 없다. 밑을 보니 발에는 절구통 같은 쇳덩이가 족쇄로 채워져 있었다. 기어서라도 가려 하는데 동철이는 어느새 저 멀리 개울가로 향했다. "너 이 녀석 빠진다"라고 소리치며 박희성은 땅을 짚고 기어갔다. 쇳덩이의 무게에 꼼짝을 할 수 없다. 팔꿈치가 흙바닥에 긁혀 어느새 붉은 피가 흥건하게 배어 나온다. 아무리 외쳐도 동철이는 멈추지 않고 개울로 뛰어든다. 박희성은 사방을 돌아보며 "동철엄마, 동철엄마" 하고 외쳤다. 어디서 나타났는지 아내는 개울가에서 박희성을 보고 웃었다. 박희성이 개울가에 빠지는 동철이를 가리키며 소리쳐도 아내는 옅은 웃음만 보내고 있다.

　박희성은 "안 돼!" 하고 소리를 질렀다. 비명과 함께 박희성의 눈이 번뜩 떠졌다. 창밖에는 아직 어둠이 웅크리고 있었다. "꿈이었나?" 박희성은 긴 숨을 내뱉었다. 이마에는 땀이 흥건했다. 요즘 아내와 동철이가 꿈에 자주 보인다. 고약하게도 만날 때마다 악몽이다. 벌써 헤어진 지 50년이 넘는 세월, 첫 아이 동철이는 환갑을 바라볼 테고 아내가 살아 있다면 팔순이 머잖을 것이다.

—— 거절당한 이산가족상봉 신청

"꿈에 자주 나타나는 건 어서 오라는 얘기일 텐데…." 박희성은 혼잣말을 하며 잠자리에서 몸을 일으켰다. 허벅지와 팔목이 쩌릿하다. 관통상을 당했던 부위가 나이가 들어 가니 밤낮으로 쑤신다. 그는 이날 만남의 집에서 같이 기거하는 김영식과 적십자사 서울 사무실로 가 이산가족상봉 신청을 할 계획이다.

2000년 9월, 비전향 장기수 1차 송환에서 제외된 그는 2차 송환을 손꼽아 기다렸다. 당당하고 자랑스럽게 귀환하고 싶었다. 하지만 여든이 넘고 2차 송환은 아무런 기미가 안 보이니 죽기 전에 가족들 얼굴을 한 번이라도 보고 싶었다. 그래서 15년을 기다리다 2016년 어느 여름날 개별 상봉을 신청하기로 작정한 것이다.

박희성은 그렇게 마음먹고 적십자사 홈페이지에서 먼저 신청을 시도했다. 그런데 그의 주민등록번호를 치면 올바른 입력이 안 되었다고 계속 접수가 거부되었다. 몇 날을 씨름하다가 결국 현장에 가서 접수키로 한 것이다.

"할아버지, 신청서에 헤어지게 된 경위를 안 쓰셨네요." 박희성이 서류를 내밀자 적십자사 직원은 친절하게 빈칸을 가리키면서 말했다.

"난 북에서 임무 받고 내려온 사람입니다. 그래서 헤어졌어요."

"네? 그게 무슨 말씀이신지?"

담당자는 못 알아듣겠다는 표정과 함께 어색한 웃음을 지었다. 그의 등 뒤 창문에는 아침 햇살을 걸친 소나기가 들이치고 있었다.

박희성은 군에서 제대 후 고향인 평안북도 구성군에서 영화 상영기사로 일하던 중 1959년 노동당 연락부의 소환을 받았다. 1952년 어린 나이로 화선입당했던 그는 "많은 당원 중에서 선발된 것"을 영광으로 여기며 기꺼이 통일사업에 응했다. 몇 번의 신체검사를 거친 후 그는 곧바로 황해도 해주로 이동했다. 거기서 훈련을 마치고 선장·수부장·기관장·안내원이 한 팀인 제3조에 배치되었다. 그는 운전병 경력이 참작되어 부기관장을 맡았다가 금세 기관장이 되었다. 박희성의 조가 맡은 일은 연락 업무. 해주에서 남측 작전 수역까지 목선을 타고 다섯 번 정도를 오가며 경력을 쌓았다. 그런데 1962년 6월 1일 남양만에서 안내원을 내려 주다가 작전이 노출되면서 경비함에 쫓겨 배가 뻘밭에 갇히고 말았다. 교전 끝에 그는 허벅지와 팔에 관통상을 입었고 선장 박창수 등과 함께 체포되었다.

박희성은 적십자사 직원의 되물음에 조심스럽게 대답했다. "나는 북에서 통일사업 하려고 내려왔다가 잡힌 사람이라고요." 박희성이 답하자, 담당 직원은 그제야 이해가 된 듯 난감한 표정을 지었다. 그러면서 "선생님은 해당이 안 될 것 같은데…" 하며 고개를 갸웃거렸다.

박희성은 함께 온 김영식과 "분단으로 이산가족이 된 건 매한가지이니 상봉 신청을 받아 줘야지요. 신청도 안 받아 주면 말이 됩니까?" 하면서 목소리를 높였다. 박희성이 다시 빈 칸을 채워 제출하니 이번엔 주민등록번호가 문제였다. 담당 직원은 주민등록번호를 제대로 쓰지 않으면 접수가 안 된다고 나무라듯 얘기했다.

—— **본적지는 광주교도소, 주민등록번호 뒷자리는 1000000**

박희성의 본적지는 광주시 북구 문흥동 88-1번지, 지금은 이전했지만 과거 광주교도소가 있던 자리다. 박희성은 이곳에서 만 27년을 복역하고 1988년 12월 24일 강담과 같이 출소했다. 그래서 광주교도소가 본적지가 되었고 출소하는 날 생년월일 다음 일곱 자리 중 여섯 자리가 특수한 주민등록번호를 부여받았다.

북에서 내려와 남쪽에 호적이 없는 장기수들은 출소한 감옥이 본적지가 된다.
그래서 박희성의 본적지는 옛 광주교도소이다.

박희성은 남양만에서 체포된 후 1962년 재판에 넘겨져 사형 구형을 받고 27년형을 선고받았다. 그는 서대문형무소에서 복역하다가 비전향 장기수가 대전으로 집결되는 바람에 그곳으로 옮겨 갔다. 그런데 1968년 김신조 부대가 청와대를 급습할 때 "대전교도소도 습격해서 좌익수를 구출할 계획이었다"는 설이 나돌았다. 그래서 법무부는 부랴부랴 대전교도소에 수감된 사상범들을 전국으로 분산 수용하였다. 이때 박희성은 집안 내림으로 고혈압과 심장병이 있어 수용 생활을 계속하기 어려운 상황이었다. 병보석이나 가석방이 필요한 상황이었지만 그의 병세는 무시되고 전주교도소로 옮겨졌다.

박희성은 이곳에서 극심한 전향 공작을 당했다. 전주교도소는 박희성에게 이른바 '대포 수갑'을 채웠다. 왼팔은 어깨 위에서 등 쪽으로 내리고 오른팔은 등 뒤에서 어깨 쪽을 향하게 위로 올린 다음 강제로 두 손을 당겨 수갑을 채웠다. 상체가 등 뒤로 젖혀지고 몸통이 뒤틀리는 고통이었다. 이 상태에서 전향 공작반은 무릎을 꿇리고 허벅지를 내리눌렀다. 밥도 그 상태에서 먹고 잠도 수갑을 찬 채로 자야 했다. 대소변을 볼 때만 잠깐씩 풀어 주는 정도였다.

박희성이 전향을 거부하고 버티자 교도관들은 수갑을 채운 상태에서 집단 구타를 했다. 몸이라도 오므리면 다소나마 나을 텐데 상반신이 등 뒤로 젖혀진 상태에서 주먹세례를 받았고 군홧발에 온몸을 짓밟혔다. 마루바닥에는 피가 흥건했고 나중에는 떡까지 졌다.

전주교도소 전향공작반은 "너희를 고문하는 방식은 일본 군이 하던 거를 모두 모은 것이니 견딜 수 없다. 빨리 항복하라"라고 소리를 질렀다. 이런 고통스러운 날이 일주일 넘었을 무렵 박희성은 거의 실신한 상태에서 강제로 전향서에 도장을 찍게 되었다. 그제야 박희성의 몸에서 수갑이 풀렸다. 그리고 그의 본적지가 되는 광주교도소로 이감이 되었고 여기서 양원진, 강담을 만났다.

강제전향 이후 고문은 없어졌지만 그를 기다리는 것은 배고픔이었다. 주먹만큼도 채 안 되는 밥을 먹으면 언제나 배가 고팠다. 다만 한 끼라도 배불리 먹어 보는 게 소원이었다. 북에서 내려온 사람들은 연고자가 없어서 영치품은 물론 사식도 없었으니 1988년 출소할 때까지 서러운 세월이었다. 출역도 오랜 세월 나갔지만 출소할 때 그에게 주어진 것은 일급 도장 자격증과 특수한 주민등록번호뿐이었다.

── 꼬물거리는 어린 아들을 두고 남으로 오다

박희성은 우격다짐으로 접수를 마치고 적십자 사무실에서 나왔다. 명동 거리에는 인파가 북적거렸다. 아침에 만남의 집에서 나올 때 사람들 사이에서는 부질없다고도 하고 한번 해 보는 것이 좋다고도 하고 의견이 분분했다. 그래도 박희성은 한 가닥 희망을 걸고 혹시 "장기수들은 우선 배정이 되지 않을까" 하는 기대도 걸었다. 하지만 접수 자체를 불편해하니 기분이 씁쓸했다.

그는 2000년 1차 송환에서 제외되고 상심이 컸다. 아내와 동철이를 만날 수 있다는 기대에 잠을 설쳤지만, 전향서를 썼다는 이유로 제외되었기 때문이다. 광주에서 함께 출소한 강담도 마찬가지였다. 통일부에 "고문에 의한 강제전향"이라고 설명을 했지만 아무 소용이 없었다.

박희성과 김영식은 발걸음을 종로 탑골공원 쪽으로 옮겼다. 소나기에 더위는 한풀 꺾였으나 허벅지 쪽이 쑤신다. 나이가 들어 가면서 기력도 떨어지고 이렇게 비가 오는 날이면 특히 그날의 부상 때문에 몸이 화끈거리면서 쩌릿쩌릿하다.

그날, 남양만에서 붙잡힌 1962년 6월 1일은 박희성에게 잊을 수 없는 날이다. 박희성이 해주에서 출발한 게 1962년 5월 31일. 8노트 정도 속력을 낼 수 있는 목선이었다. 원래는 30일에 나올 예정이었는데 출발하자마자 엔진 소리가 이상했다. 평양에 무전을 하니 "귀환해서 다른 배로 바꿔 타라"는 지시가 내려왔다. 배가 31일 새벽에 준비될 예정이어서 그날 박희성은 집으로 돌아갔다. 짧은 거리지만 항해도 있었고 다음 날 아산만까지 먼 길을 가야 하니 일찍 잠자리에 들었다.

그런데 평소에는 엄마 품에서 자는 동철이가 그날따라 박희성의 품을 파고들었다. 엄마가 데려다 어르고 자장가를 불러 줘도 뿌리치고 박희성에게 매달렸다. 박희성은 엄마 손만 타던 놈이 자신을 찾으니 피곤하면서도 흐뭇했다. 칭얼대는 아들을 달래다 밖이 희붐하게 밝아 올 때가 되어서야 겨우 잠이 들었다.

다음 날 새로 마련된 배를 타고 해주를 출발, 6월 1일 어두운 밤중에 안내원을 내려줄 남양만 입구에 이르렀다, 국화도 근처에서 잠시 정박하고 호흡을 가다듬었다. 기러기들은 서해 먼바다 쪽으로 달빛을 물고 달아나고 잔잔한 파도가 뱃전에 제 몸을 부딪치며 물꽃을 일으켰다.

평양과는 오전 8시, 10시, 오후 2시 30분, 4시 30분, 6시 30분, 이렇게 다섯 차례 무전을 주고받았다. 마지막 교신이었던 오후 6시 30분에, 그대로 작전을 진행하라는 지시가 내려왔다. 박희성이 탄 배는 국화도에서 서서히 움직였다. 멀리 행담도 쪽에서 민가의 불빛이 아득하니 가물거렸다. 남양만 깊이 들어가 평택 방면으로 안내원을 내려 주는 것이 그날의 임무였다. 전조등 없이 항해를 하려니 까막눈 신세였다. 평소 같으면 고깃배들이 한참 조업 중일 텐데 이날은 거의 볼 수가 없어 "조금

이상하다"는 생각으로 한 발 한 발 들어갔다.

이윽고 안내원이 배를 대야 하는 곳을 가리킬 때 갑자기 기관총 소리가 났다. 선장이 뱃머리를 돌리면서 "전투준비! 전투준비!"를 외쳤다. 하지만 목선에 실려 있는 무장이라고 해야 경기관총 두 정. 이것으로 대항할 수는 없었다. 뒤에서는 사격과 함께 함성과 경적이 계속 울려 댔다.

"에쿠" 몸이 확 쏠리더니 배가 멈췄다. 남양만의 깊고 너른 뻘에 갇힌 모양이다. 허겁지겁 쫓기다 수심이 얕은 물길로 접어들었던 것이다. "모두 뛰어내려!" 선장의 다급한 목소리를 따라 박희성도 뻘로 내려섰다. 방풍림을 바라보며 달리는데 옆에 달리던 안내원이 목이 꺾이며 푹 쓰러졌다.

뒤를 돌아보니, 국군이 보트로 옮겨 타면서 계속 총을 쏘고 있었다. 옆에서 달리던 선장이 뻘밭으로 미끄러져 들어가며 사격 준비를 했다. 박희성도 따라서 권총을 꺼내 들었다. 순간 박희성은 중심을 잃고 무릎이 꺾였다. 왼쪽 허벅지에서 불에 덴 듯한 느낌이 올라왔다. 동시에 오른쪽 팔이 기역자로 꺾이면서 불꼬챙이를 쑤시는 것처럼 아팠다. 피가 울컥울컥 나왔다. 팔꿈치를 붙들면서 박희성은 뻘밭으로 쓰러졌다. 허벅지와 팔의 통증에 몸이 뒤틀렸다. 박희성은 가쁜 숨을 몰아쉬며 허리춤에서 수류탄을 꺼내 들었다. 눈앞에는 아내와 아들 동철이 얼굴이 떠올랐다. 아들 동철이가 지난밤에 품속을 그렇게 파고들었는데…. 이빨로 겨우 수류탄의 안전핀을 물었다. 총소리 사이로 동철이의 웃음이 남양만의 비릿한 내음 사이로 흩어져 갔다. 눈앞이 아득해졌다. 저 앞쪽에서 다가오는 군홧발들이 어슴푸레해질 때 박희성은 그만 의식을 잃고 뻘밭에 얼굴을 묻었다.

정신을 차렸을 때는 인근 파출소였다. 박희성은 인천 해군 병원으로 이송되어 부러진 팔에 깁스를 했다. 그런데 이때 응급조치가 잘못되어 뼈가 제대로 안 붙었다. 대방동에 있는 미군 502부대에서 심문을 받으면서 부평 미군병원에서 다시 치료를 받았다. 6개월 만에 뼈가 붙어 깁스를 풀었지만 관통상이어서 후유증이 컸다. 욱신욱신 쑤시는 증상은 나이가 들어갈수록 더 심해졌다.

박희성과 김영식이 명동에서 을지로를 따라 청계천을 건너니 멀리 탑골공원 정문 쪽에서 깃발이 보이기 시작했다. 박희성은 김영식과 손을 잡고 힘을 내서 걷는 속도를 높였다. 오늘은 민주화실천가족운동협의회가 주최하는 집회에 참석할 작정이다. 가까이 다가가니 "국가보안법 철폐와 양심수 석방" 구호가 들리기 시작한다.

1989년 사회안전법이 폐지되면서 박희성은 국가보안법 철폐 집회를 비롯 각종 시위에 빠지지 않고 참여했다. 어떤 주말에는 하루 3~4개 장소를 오가기도 했다. 박희성은 바삐 걸으며

"이제라도 남북이 자유롭게 왕래하면 좀 좋은가?"라고 혼자 중얼거렸다.

── 영화감독이 꿈이었습니다

1950년 10월 19일 박희성은 소년병으로 자원 입대했다. 평양이 함락되었다는 소식은 평안북도 구성에 금세 전해졌다. 후퇴하는 행렬도 이미 마을 안으로 들어오고 있었다. 학교 선생님들이 모두 입대한 터라 수업은 이루어지지 않았고 소년단으로 활동했던 박희성은 무엇이라도 해야 할 것 같았다. 그래서 형과 함께 입대 신청을 했다. 형은 결핵 판정이 나 입대를 할 수 없었다.

박희성의 부모는 근심이 컸다. 박희성의 부친은 삼성三成 탄광에서 광부로 일하면서 해방과 동시에 입당했고 세포 위원장까지 맡고 있는 입장에서 반대할 수는 없었다. 하지만 겨우 열여섯 살에 몸무게가 38킬로그램 정도였던 아들이 입대하겠다고 하니 걱정이 태산이었다.

박희성의 입대는 받아들여졌다. 전황이 워낙 화급했기 때문이다. 이미 압록강 부근에서 전선이 형성된 상태에서 그는 후퇴하는 병력과 함께 중국 심양으로 향했다. 삭주를 거쳐 수

풍댐을 넘을 때는 참전하는 중국 인민의용군과 마주치기도 했다. 심양에서 3개월간 사격과 전술훈련을 받고 1951년 1월 6군단 18사단 24연대 3대대 9중대 3소대에 배속되어 백두산 밑 창성을 통해 귀국했다. 박희성의 부대가 배치될 장소는 강원도 양구군이었다.

전선으로 가는 길은 고되었다. 솜으로 몇 겹이나 누빈 겨울옷을 입고 담요까지 두툼하게 얹은 군장 무게는 30킬로그램이 넘었다. 어린 소년이 자기 몸무게에 맞먹는 등짐을 진 격인데, 행렬의 맨 뒤에 있어서 거의 뛰다시피 걸었다. 낮에는 폭격으로 이동할 수가 없어 밤에만 움직였다. 행군을 마치고 나면 추운 겨울인데도 온몸이 땀으로 젖었다.

배급은 보병인 그에게 하루 3700kcal가 제공되었다. 쌀, 콩기름, 콩, 미역, 소금이 나왔다. 가끔 몽골에서 양고기, 중국에서 돼지고기가 보급되었다. 채소가 먹고 싶었지만 부피가 커서 공급이 안 되었다. 채소를 먹지 못한 부대원들은 비타민 부족으로 발이 붓고 각기병에 걸려서 행군 과정에서 고생이 심했다. 박희성은 몸이 말라 더 힘들었다. 봄이 되어 산에서 나물을 캐서 먹고 솔잎을 끓여 마시고서야 많이 좋아졌다.

양구군에 배치되고선 길고 치열한 방어전이었다. 1951년 7월부터 장장 2년여에 걸쳐서 정전 협상이 진행되는 동안 중부 전선을 따라 양측은 한 뼘이라도 더 확보하기 위해 처절한 공방을 벌였다. 화살머리고지, 백마고지, 1211고지 등의 전투가 그랬다. 1211고지는 특히 격렬했는데 포격으로 1211고지 지표가 몇 미터가 낮아졌다고 할 정도였다. 뺏고 뺏기는 이 전선에서 그는 총알 한 방 파편 하나 맞지 않고 무사히 버텨 냈다.

박희성은 1952년 말 최현이 군단장인 2군단으로 옮겨져 13사단에 배속되었다. 그리고 원산 방어작전에 투입되었다. 당시 원산이나 남포에 '인천상륙' 같은 작전이 전개될 것이라는 첩보가 있었다. 이를 방어하기 위해 2사단은 안변, 27사단은 마식령, 13사단은 원산을 바라보는 내륙 안쪽에 배치되었다. 박희성은 낮에는 깊은 토굴 속에서 은신했다. 찐 쌀을 보급받아 물에 불려서 먹었다. 우려했던 상륙작전은 없었고 이렇게 대치 상태를 보내다가 휴전을 맞았다.

박희성은 화선입당을 했다. 1951년 양구군에서 공방전을 벌일 때 군공메달을 받았고 1952년 원산방어작전 때 전사영예훈장 2급을 받은 게 높이 평가되어 군대 정치부 중대장(세포위원장)의 보증으로 입당했다. 1952년 5월 24일 생일을 두 달 넘겨 가입했고 당원 번호는 0466171이었다. 사단에 가서 당원증을 받았는데 물에 젖을까 봐 기름종이에 싸서 품에 보관했다.

휴전하고도 그의 군대 생활은 계속되었다. 그는 사단에서 추천을 받아 208탱크군관학교 후보생으로 들어갔는데 집안 내림인 고혈압 때문에 퇴교되었다. 그러고는 운전병으로 교육을 받아 엔진 분해까지 할 수 있을 정도로 실습을 받고 120mm 구경을 비롯한 포를 주로 운반했다.

1957년에 제대한 그는 다시 구성군으로 돌아갔다. 당에서는 두 가지 직업을 권했다. 하나는 군의 경력을 살려 트럭 운전사를 하는 일이었고 다른 하나는 극장의 상영기사였다. 박희성은 운전이 군에서도 오랫동안 해 온 일이어서 내키지 않았다. 어린 시절부터 영화를 만들고픈 꿈이 있었기에 그는 상영기사를 택했다.

극장에서 박희성은 소련과 중국에서 들어온 전쟁, 사랑 등 다양한 장르의 영화를 틀었다. 그는 상영기사 일이 자리를 잡으면 재직반으로 다닐 수 있는 대학의 연극영화과를 가기 위해 열심히 일했다. 그러던 중에 당의 소환을 받았고 그날부터 고난의 세월을 살게 된 것이다.

탑골공원에 도착하니 강담과 양원진 등 반가운 얼굴이 보인다. 모두 어려운 시기를 함께한 벗이며 동지다. 이제는 세월의 무게 탓인지 다들 주름은 말할 것도 없고 허리도 구부정하다. 지팡이를 쥐고 나온 이도 여러 명이다.

모두 출소해서 어려움을 겪었다. 보통 30년 안팎으로 징역을 살고 대부분 쉰이 넘은 나이에 출소했다. 징역에서 나름 배운 기술이 있어 일자리를 전전했으나 월급을 떼이기 일쑤였다. 박희성도 광주교도소를 나와 강담과 함께 곤지암의 가구공장에서 잠시 일했다. 의정부의 창호회사에서 시공 일을 따라다니기도 했다. 잠시 미장 일을 해 보기도 했지만, 대부분은 공사장 잡부로 이곳저곳을 떠돌았다.

돈이라도 조금 모아 월세방이라도 얻으면 경찰이 주인집으로 찾아와 "북에서 내려온 사람이다"라고 친절하게 일러 주었다. 그러면 주인은 방을 빼 달라고 했다. 그 이후부터는 그냥 여인숙을 돌아다녔다. 다행히 양심수후원회의 도움을 받아 낙성대 만남의 집에서 2008년부터 살게 되어 끼니 걱정, 잠자리 걱정을 덜게 되었다.

사회자의 선창으로 구호가 시작되었다. "국가보안법 철폐하라, 양심수를 석방하라." "2차 송환 즉각 실시하라."

지나던 행인의 시선이 잠깐잠깐 머문다. 몇몇 사람은 발걸음을 멈춰 관심 깊게 바라보았다. 팔순이 넘은 노인들의 모습이 시선을 잡아끈 모양이다. 그들이 돌아서면서 남긴 얘기가 박희성의 귀에 박힌다.

"뭐야, 아직도 양심수가 있어? 2차 송환은 뭘 말하는 거야?"

박희성은 일일이 쫓아가서 설명하고 싶었다. 소나기가 그친 저녁 하늘엔 아직 구름이 남아 있다. 그 사이로 하늘에서 붉은 노을이 부드럽게 펼쳐졌다. 요즘 부쩍이나 흐려진 박희성의 눈가에 구름 너머로 간밤에 꿈에서 만났던 동철이와 아내가 언뜻 보였다.

간밤에는 동철이가 개울물에 들어가는데도 멍하니 바라보고 웃기만 했던 아내가, 동철이를 품에 꼭 안고 어서 오라고 손짓을 한다. 어서 오라고….

못다 한 이야기

• 박희성 선생과는 2020년 여름에 두 번 인터뷰했다. 2차 송환이 좌절되자 그에게 유일한 희망은 개별 상봉뿐이었다. 그런데 적십자사에서 개별 상봉 신청 자체가 거부되니 크게 실망했다. 1차 송환에서 거부된 날, 그리고 개별 상봉이 거부된 이때가 그의 가슴속에 깊은 상처를 드리웠다. 이 글은 이 상봉 신청일의 하루를 통해 박희성 선생의 일생을 회상하는 형식을 취했다.

이광근

암호문과 무전기 대신
미싱을 잡다

"'아버지 환갑 때는 올 수 있겠지?'
큰누님의 목소리가
지금도 쟁쟁합니다."

이광근

1945년생 이광근, 그는 1988년 12월 광주교도소에서 가석방되어 30여 년을 혼자서 살아왔다. 어느덧 팔순을 바라보는 나이, 하루가 다르게 기력이 떨어지고 집 안에는 날로 적막감이 더해 간다.

남파되기 며칠 전, 휴가를 얻어 다니러 간 집을 나올 때 이광근의 큰누이는 "내년에 아버지 환갑 때는 돌아올 수 있겠지" 하며 목도리를 둘러매 줬다. 누님의 머릿결 뒤로 평양 하늘은 잿빛이 무거웠고 굶주린 이리마냥 겨울바람이 으르렁거렸다. 1935년생이니 지금 살아 있으면 여든이 훌쩍 넘었을 누이는 돌아오겠다는 답변을 원하는지 동네 밖까지 먼 배웅을 했다. 그게 1966년 12월, 헤어진 지 벌써 55년 세월이다. 그는 요즘 "여우도 죽을 때는 태어난 굴 쪽을 향한다는데…" 하며 혼잣말을 자주 한다.

이광근은 1965년 봄 대남공작 연락부 342호실의 소환을 받았다. 스물한 살의 나이로 평양 시내 대학들의 설비를 관리하는 회사에 다닐 때였다. 평양 대동강구역 소룡동 출신인 그는 이른바 '성분'이 좋은 집안 출신이었다. 큰형님은 인민군으로 참전해 1950년에 전사했고 아버지는 조선미술가 동맹에서 동상 만드는 일을 했다. 이광근의 고종사촌 형은 사회안전부에 다녔고 어머니의 사촌 남동생은 중앙당의 지도원이었다. 그 자신도 소년단을 거쳐 민청단원으로 주욱 활동을 했었다. 이런 집안 환경과 경력이었으니 소환 대상에 오를 만했고 그가 통신학교 출신이라는 것도 선발에 영향을 끼쳤다.

이광근의 임무는 파견될 공작원에게 줄 신분증의 확보였다. 이광근이 남파된 때가 1967년 1월인데 그때 남쪽에서 사용되는 신분증은 시도민증이었다. 이 증은 사진만 갈아 붙이면 될 정도로 위변조가 쉬웠다.

그런데 이 시도민증은 1968년부터 주민등록증으로 바뀌게 된다. 그해 5월 29일에 주민등록법이 개정돼 18세 이상 주민은 반드시 읍면동사무소에 등록을 해야 하고 개개인별로 번호가 부여되었다. 또한 시도민증이 폐지되고 주민등록증으로 일원화됨에 따라 1970년 1월 1일 2차 개정 이후에는 전 국민이 반드시 새 주민등록증을 발급받아야만 했다.

이렇게 주민등록법이 바뀌게 된 계기는 1968년 1월 21일의 김신조 사건이었다. 이 사건 자체의 충격도 컸지만, 그 직후 일어난 푸에블로호 나포 사건도 영향을 주었다. 1월 23일, 미 해군 정찰함 USS푸에블로호가 동해 공해상에서 북한 해군에 나포되어 83명의 미 해군 승무원이 붙잡혔다. 미국은 발칵 뒤집혔고 금방이라도 전쟁이 날 것 같은 정세가 조성되었다. 이런 상황을 이용, 박정희 정권은 반북반공을 내세운 국가적 동원 체제를 강화해 나갔다. 내무부 주도로 범국민적인 '간첩 찾아내기 운동'이 벌어지고 경찰에서는 '간첩색출 경진대회'까지 벌였다. 모든 국민에게 고유번호가 매겨지고 주민등록증 발급이 의무화된 것은 바로 이런 분위기에서 비롯되었다. 바뀐 주민등록증은 시도민증에 비해 위변조도 쉽지 않았다. 그러니까 이광근의 목표는 주민등록증으로 바뀌기 직전의 신분증인 시도민증을 확보하는 것이었다.

이광근은 남쪽으로 내려올 때 임진강을 넘어 문산으로 들어오는 경로를 택했다. 그해 겨울 추위는 달빛마저 추위에 쩍쩍 갈라질 듯해서 임진강은 걸어서 건널 수 있을 만큼 단단히 얼었다. 여러 대의 경계등이 강물 위를 비추는 틈 사이로 이광근 일행은 하얀 광목을 뒤집어쓰고 조심조심 움직였다. 가다 서기를 반복하면서 탐조등의 불빛 사이를 빠져 나왔을 때 이광근의 등엔 식은땀이 그득했다. 뒤돌아본 임진강과 맞은편 북녘 땅엔 눈이 수북이 내려 마치 백설기를 온 벌판에 가득 늘어 놓은 모습이었다.

이광근과 조장, 조원 최○○ 등 세 명은 그때부터 내달렸다. 조각 달빛만을 의지해 파주 마산리의 영평산을 옆으로 두고 비학산을 마주 보면서 뛰었다. 눈이 거푸 쌓였던 탓인가. 눈구덩이에 발은 푹푹 빠졌고 얼어붙은 비탈에 이광근은 몇 번인가를 구르고 발목까지 접질렸다. 조장은 아랑곳하지 않고 달렸고 이광근은 발목을 부여잡은 채로 뛰고 또 뛰었다. 법원리의 지정된 장소에 도착했을 때 입에서 단내가 올라왔고 흥건한 땀에 외투까지 축축했다.

—— 남쪽에 내려온 지 열흘 만에 붙잡혀

이광근 일행은 그곳에 배낭을 묻고 일제 잠바와 농구화로 새 단장을 했다. 권총 한 자루씩을 허리춤에 꽂고 파주읍에서 서울 가는 버스에 몸을 실었다. 버스가 떠나간 갈곡천에는 1월의 짧은 해가 서성이다 금세 자취를 감췄다.

서울 가는 길의 검문소에서 헌병이 올라왔을 때 이광근은 자는 척 침을 흘렸다. 버스 통로를 오가는 헌병의 발소리에 그의 가슴은 터질 듯했다. "협조해 주셔서 감사합니다"라는 인사를 남기고 헌병이 내릴 때에서야 이광근은 긴 한숨을 토했다. 서울역 광장에 다다랐을 때 시계탑은 밤 9시를 가리키고 있었다.

이광근은 훈련소에서 매일 서울역의 사진을 보며 눈으로 이곳 지형과 풍경을 익혔다. 그런데 역사에서 광장으로 그 많은 사람이 꾸역꾸역 나오는 모습을 직접 보니 신기했다. 입을 다물지 못하는 그에게 양동에서 건너온 호객꾼이 다가왔다. 당시 서울역 맞은편 양동은 사창가이면서 무허가 여인숙이 즐비했다. 이광근 일행은 임진강을 건넌 지 만 하루가 지났지만 한숨도 못 잔 터라 삐끼 손에 이끌려 방을 잡았다. 양동의 여자들은 큰 구경을 만난 것처럼 방문을 열고 들여다 봤다. "오빠들 그냥 잘 거야" 하며 가슴을 드러내고 담배 연기를 내뿜었다. 허리춤에 권총까지 지니고 있던 그들은 당황했다. 간신히 여자들을 돌려세웠으나 20대 초반인 그들의 가슴은 벌렁거려 밤 내 진정되지 않았고 새벽녘에야 눈을 붙였다.

다음 날 아침 이광근은 역전 마당에서 떡국을 먹으며 염천교 쪽에서 밀려오는 인파에 또 한 번 놀랐다. 당시 서울역 뒤 만리동과 중림동에는 무작정 상경한 시골 사람들이 터를 잡았다. 이들이 일거리를 찾아 아침부터 서울역으로 남대문으로 걸어가는 모습이 하나의 물결을 이뤘던 것이다.

이광근은 계획대로 조장과 함께 며칠 동안 시청이며 용산역, 명동 부근을 오가며 분위기를 익혔다. 일주일이 되었을 땐가 그날 이광근은 일행과 따로따로 움직이다가 저녁에 서울역 광장에서 만나기로 했다. 이광근은 조금 일찍 도착해 정해진 벤치에 앉았다. 그런데 18시 정각에 나타난 조장과 조원 최○○는 이광근을 쳐다보곤 화들짝 놀란 표정을 지으며 어디론가 사라졌다. 왜 그랬는지 나중에 잡혔을 때 알게 되었는데 조장과 최○○ 조원은 이광근이 미행을 당했다고 판단해 그 자리를 서둘러 벗어난 것이었다. 그렇게 사라진 두 사람은 그날로 귀환을 시도하다 휴전선 부근에서 발각되었는데 남파 경험이 있었던 조장은 경계망을 뚫고 북쪽으로 돌아갔지만 조원 최○○는 잡히고 말았다.

이광근은 갑자기 사라진 조장의 행동에 당황했다. 그날 양동 숙소에서 뜬눈으로 밤을 지샜지만 조장은 나타나지 않았다. 이광근은 다음 날 더 이상 임무를 수행하기 어렵다고 생각하고 북으로 돌아가려 문산으로 갔다. 오던 길을 되짚어 가려 했지만 조장의 뒷꽁무니만 바라보고 왔기에 방향을 잡을 수 없었다. 묻어 둔 배낭에서 지도를 찾아 길을 찾아보려 했지만 무릎까지 차오른 법원리의 눈을 보고 그만 포기했다. 그는 다시 어렵게 검문소를 통과해 양동 숙소로 돌아왔다. 바로 그때 먼저 붙잡힌 조원 최○○의 진술을 듣고 숨어서 기다리던 경기도경 대공수사팀에게 잡히고 말았다.

── 상상도 못할 고문 끝에 강제전향되다

이광근은 1965년에 소환되어 2년 가까이 평안남도 신양군의 산골에서 교육을 받았다. 훈련소래야 천막이 전부였다. 밤에는 산등성이를 달리는 바람이 승냥이 울음소리를 내고 부근을 둘러싸고 있는 배롱나무 숲에서 여우의 눈동자가 어른거리는 곳이었다.

입소 초기에는 통신 훈련을 집중적으로 받았다. 450V 배터리에 연결된 무전기를 썼는데 배터리는 양초를 먹인 종이로 몇 겹이나 둘러쌌다. 비에 젖을 수도 있고 물에 빠질 수도 있기에 한 방수 조치였다. 무전 훈련은 다섯 개의 아라비아 숫자로 이루어진 한 개조의 암호문을 열두 개조, 그러니까 60자를 1분 내로 치는 것이었다. 해독을 어렵게 하려면 스물네 개조, 즉 120자까지 쳐야 하나 이는 시간이 많이 걸렸다. 이광근은 당시 "남쪽의 주요 지역에 감청시설이 있고 감청 차량까지 급파될 수 있으니 무전 시간이 3~5분을 넘기면 안 된다. 발신지가 곧바로 추적당하고 퇴로가 막힌다"고 교육받았다. 수신은 일제 트랜지스터에 리시버를 꽂고 신호를 받아 난수표 책을 보며 해독했다. 당시 기술로 깨알 크기의 글씨를 인쇄할 수 없어 손으로 직접 쓴 난수표 책이었다.

통신 훈련 외에 사격과 체력단련은 기본이었다. 20킬로그램짜리 무게 모래주머니를 메고 하루에도 몇 차례씩 3킬로미터 안팎을 뛰었다. 물론 신분증 확보 훈련도 거르지 않았다. 평안도 산골에서 먹고 자는 시간 외에는 오직 훈련만으로 시간을 보냈다. 그런데 서울에 도착한 지 불과 열흘도 안 되어 신분증 확보는 시도조차 못 하고 금방 잡힌 것이다.

이광근은 인천에 있던 경기도경찰국에서 열흘 정도 조사를 받았다. 거기서 공작 훈련의 내용과 남파 임무를 진술하고 대방동에 있던 미군 첩보부대로 옮겨 갔다. 10개월 정도 머물며 출생 이후 전 과정을 진술하고 거듭 심문받았다. 그리고 1, 2심 재판에서 사형을 언도받고 대법원에서 무기로 감형을 받았다.

이광근은 무기징역이 확정된 후 대전을 거쳐 1973년 11월 3일 광주로 옮겼다. 그가 가석방된 게 1988년 12월 24일이니 20여 년 동안 징역살이를 한 셈이다. 제일 오래 산 곳은 15년을 채운 광주교도소였다.

이광근은 징역 생활 중 대전교도소에서 당한 전향 공작을 결코 잊지 못한다. 이때 겪은 고문은 상상을 넘어섰다. 그는 첫 번째로 비행기 고문을 당했다. 두 팔을 어깨 뒤로 젖혀서 묶고 양발도 묶은 다음 그 사이로 긴 봉을 끼워 몸을 활처럼 뒤로 꺾이게 한 후 두드려 패는 고문이었다. 허리가 새우처럼 휘어진 상태여서 자칫 크게 다칠 수 있는 잔인한 고문이었지만, 이광근은 버티고 전향서에 도장을 안 찍었다. 그 다음은 자그마한 원기둥 같은 틀에 갇히는 고문이었다. 사람이 한 명 들어가면 꽉 차는 원통인데, 그 안쪽에 대못이 내부를 향해 박혀 있었다. 조금만 움직이면 몸이 찔릴 수밖에 없는데, 위에서는 뜨거운 물이 한 방울씩 떨어졌다. 머리가 데일 것 같은 고통에 몸을 조금이라도 움직이면 못이 살을 찌르고 들어왔다.

그렇게 원통형 틀에서 온종일 시달리다가 밤이 돼서야 방에 들어가면 손이 닿을 수 없는 벽 위에 철망 너머로 500촉짜리 전구가 켜져 있었다. 눈이 너무 부셔 잠을 자려야 잘 수 없었다. 비행기 고문에, 뜨거운 물 세례로 몸은 무너질 듯한데 잠안 재우기 고문까지 당하니 차라리 죽는 게 더 낫다는 생각이 들 정도였다. 그렇게 이광근은 여러 날을 버티다 결국 전향서에 도장을 찍고 말았다.

── 교도소에서 미싱을 배웠어요

고문에 의한 강제전향이었지만 이광근은 신념을 지키지 못했다는 자책감에 괴로워했다. 그는 출역을 나가 상한 마음을 달래기로 했다. 처음에는 목공장을 택했다. 주로 학교 교실에 들어가는 책걸상을 만들었는데 작업장에 먼지가 많이 날리고 이광근 자신이 목공에 취미가 없던 터라 허투루 대패 미는 시늉만 하며 시간을 보냈다. 이때 장기수 선배가 권유해 미싱반으로 옮겼는데 이광근은 거기서 처음으로 미싱 기계를 만져 봤다. 부라더미싱이나 싱거미싱이었는데 군수품을 생산하는 모

델로 단단하고 성능이 좋았다. 실을 꿰고 미싱이 드드득 지나
가 한 벌의 옷이 완성될 때 그는 보람을 느꼈다. 하루가 다르게
솜씨가 늘었고 재미를 느꼈다. 이때 만든 게 간호원 제복과 방
직공장 직공들의 작업복이었다. 대전의 충남방적, 충남의료원
의 옷이 이광근의 손을 거쳐 만들어졌다. 일이 많아 바쁠 때는
주야 교대작업을 했는데 물론 심야수당이나 특근수당이 있을
리 만무, 대신 교도소에선 밀가루 몇 포대와 특별부식을 내려
줬다. 그놈 갖고 목공작업장에서 수제비나 부침개를 만들어 먹
었다. 원래 취사장 외에서는 불을 피울 수 없지만 큰 물량이 끝
났기에 교도소에서도 슬쩍 눈을 감아 줬다.

　　이광근은 광주교도소로 옮겨 와서도 미싱반으로 나갔는데
이때 장명자라는 교회 집사를 만났다. 1988년에 출범한 노태
우 정부는 88올림픽을 앞두고 국내외의 시선을 의식해 몇몇 교
도행정 개선 정책을 세웠다. 그중 하나가 교화를 명분으로 목
사를 비롯한 종교인을 교도소에 드나들게 한 것이다. 사상범과
비전향 장기수는 당연히 집중 포교의 대상이었다. 이때 장명자
집사가 광주교도소로 들어왔고 그는 이광근을 여러 차례 찾아
와 출소할 때까지 어려운 점을 돌봐 줬다. 출소할 때는 신원보
증도 서 줬다. 이광근은 그의 전도 덕에 기독교 신앙을 받아들
이게 되었다.

　　이광근은 1988년 동료 장기수 양원진, 박희성, 김병호, 강

담 등과 함께 감옥을 나왔다. 그는 출소할 때 징역수당을 받았다. 20여 년간 목공반과 미싱반으로 출역을 나갔는데 그 대가로 360만 원을 손에 쥐었다. 1년으로 치면 18만 원, 한 달로 치면 1만 5000원, 하루로 보면 500원꼴이다. 아무리 죄수라고 하지만 20년 가까이 출역을 나간 것에 비하면 터무니없이 작은 보상이었다. 겨우 방 한 칸을 전세로 얻을 수 있을까 말까 하는 수준이었다.

출소해 당장 갈 곳이 없었기에 우선 법무부가 운영하는 갱생보호소에 머물렀다. 나갈 자유가 있으니 교도소보다는 좋아도, 시설이나 식사는 다를 바 없었고 규율 또한 마찬가지였다. 이광근은 이곳에서 살길을 알아보다가 드맹의상실의 문광자를 찾아갔다. 서울에 앙드레김이 있다면 광주에는 문광자가 있다고 할 정도로 호남에서는 유명한 의상 디자이너였다. 장명자 집사와 함께 두어 번인가 교도소로 위문을 온 적이 있어 얼굴을 익혔던 사이라 실낱같은 기대를 하고 찾아간 것이다.

고맙게도 문광자는 그의 미싱 솜씨를 높게 평가했다. 북쪽에서 내려온 사람이고 경찰의 눈총도 의식해야 할 터인데 '내일부터 출근하라'고 했고 덕분에 이광근은 드맹의상실에서 60세로 정년퇴직할 때까지 일하며 생계를 꾸려 갔다. 인연은 이어졌다. 드맹의상실 직장 동료의 친구가 광주 신안교회의 권사여서 그를 따라 신안교회를 다녔다. 교회 교우들과 친분을 맺은 이광근은 드맹의상실에서 퇴직했을 때 교회 앞에 옷 수선소를 차렸다. 신도 수가 1000여 명이 넘는 대형 교회이고 이광근의 성실함과 솜씨를 교인들이 높이 사 먹고살 만큼 일이 들어왔다.

다만 살림집과 수선소의 월세, 두 곳의 임대료를 매달 내는게 부담이었다. 그래서 교회에서 멀지 않은 살림집으로 수선소의 재봉이며 수선대를 옮겼다. 보증금 2000만 원에 월세 20만원을 주던 단독주택 2층이었는데 나름 공간이 되어 꾸며 놓으니 그럴듯했다. 어려움이 닥친 건 2020년 코로나가 발생하고부터다. 예배도 중단되고 접촉을 꺼리는 분위기여서 수선집을 찾던 교인들의 발걸음이 뜸해졌다.

지금은 기초수급자에게 나오는 월 60만 원과 반찬을 받아어찌어찌 생활을 해 나가고 있다. 그래서 간간이 들어오는 수선 일이 그 어느 때보다도 반갑다. 사람들은 임대아파트를 신청하라고 권하지만 아파트에 들어가면 마치 감옥에 들어가는 느낌이 들어 이광근은 마뜩잖았다. 또 9평 아파트에는 수선대를 놓고 여러 부자재를 들여 놓을 공간이 없어 일찌감치 생각을 접었다. 죽을 때까지 미싱기를 돌리며 자기 밥벌이를 할 생각이다.

이광근의 나이는 이제 여든을 바라본다. 2000년 김대중 대통령과 김정일 위원장의 합의에 따라 63명의 장기수가 송환되는 것을 지켜볼 때 그의 가슴은 뛰었다. 그들의 앞길에 박수

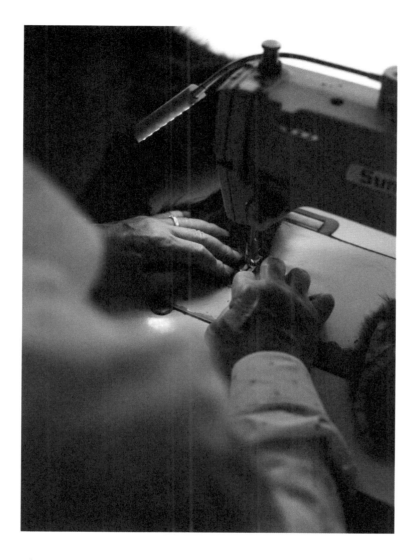

미싱으로 능숙하게 옷을 수선하는 이광근의 모습. 그는 미싱으로 자기 밥벌이를 하며 고향으로 돌아갈 날을 기다리고 있다.

를 보내면서도 전향자로 이름이 오른 자신의 처지가 원망스러웠다. 이광근은 곧바로 강제전향 무효 선언을 하고 2001년 2차 송환 희망자에 이름을 올렸다. 그로부터 20년 넘는 세월이 흘렀다. 2차 송환을 신청할 때만 해도 "아버지 환갑 때는 돌아올 수 있겠지"라는 누님 말이 귀에 또렷했는데 이제는 아스라하다.

살아 계시면 누님도 아흔을 바라볼 나이, 그의 말대로 여우도 죽을 때는 태어난 굴을 향한다고 하는데 이광근은 죽기 전 고향 땅을 밟을 수 있을까?

못다 한 이야기

• 이 글은 광주에서 이광근 선생을 2021년 여름에 두 번 만나서 녹취한 내용을 토대로 정리했다. 이광근 선생은 이 책의 주인공 중 한 분인 조상이 선생과 평안남도 신안군 훈련소에서 잠깐 같이 지낸 바 있다. 두 분은 출소 후 한 번도 보지 못하다 이번 인터뷰를 계기로 광주 이광근 선생의 집에서 감동적인 만남을 가졌다.

조상이

열아홉에 남으로 내려온 소년,
일흔 노인이 되었습니다

"딱 한 번만 다시
가족이 둘러앉을 수 있다면…"

1969년 8월 2일 정상천 서울시경찰국장은 "1969년 7월 20일, 2명의 무장간첩이 북측 지역을 출발 21일 새벽 전북 고창군에 상륙했고 서울에 잠입해서 풍습을 익히던 중 7월 25일 허상찬(가명)의 신고로 검거되었다"고 발표했다.

이 두 명 중 한 사람이 붙잡힐 때 열아홉 살이던 조상이였다. 그는 열일곱 살이던 1967년 노동당 연락부에 소환되어 2년 가까이 훈련을 받고 남쪽 땅을 밟았다. 전라남도 영광 법성포에 상륙해 서울에 들어온 지 이틀 만에 붙잡힌 조상이는 1972년 무기징역을 선고받는다. 20년간 옥살이를 하고 1989년 나이 마흔에 가석방으로 전주교도소를 나온 그는 어느덧 칠순이 넘은 나이가 되었다.

어린 나이에 그는 왜 공작원이 되었을까? 그는 20년이란 긴 감옥살이를 어떻게 견뎌 냈을까? 감옥에서 나와, 아무런 연고도 없는 남쪽 땅에서 어떻게 30여 년을 살아왔을까?

—— 열일곱 살에 소환되어

조상이는 평양 보통강구역 서장동에서 7남매 중 넷째로 태어났다. 나름 노래 솜씨가 있어 교내 독창회에 나가 1등도 몇 번한 터라 학교에서는 체육·예술특기생으로 소년궁전*에 추천될거라는 얘기가 오갔다. 그런데 조상이는 학교의 기대와 달리, 평양에서 알아주는 주먹인 둘째 형처럼 패싸움을 하며 동네를휩쓸고 다녔다.

당시 노동당 연락부가 새롭게 세운 대남전술 중 하나가 청소년을 공작원으로 선발, 남쪽으로 내려보내 그곳의 청소년을대상으로 공작하는 것이었다. 어리니까 검문도 쉬 피할 수 있고 남쪽의 거리 청소년과 쉽게 친해지지 않겠냐는 판단에서 그런 전술이 나왔다고 조상이는 기억한다. 뒷골목을 쏘다니며 분주소(파출소)를 들락거렸던 그의 이름은 사회안전부의 관리 명단에 올라 있었고, 1967년 12월에 소환 대상이 되었다.

남쪽으로 치면 고등학교 2학년 나이인 조상이에게 '통일사업'은 꿈에도 생각 못 한 일이었다. 그의 집안에 항일운동가나노동당 당원이 있는 것도 아니었다. 아버지는 평양 제1건설 트러스트의 평범한 목수였을 뿐이다. 하지만 조상이는 당의 제안

---

*   북한에서 예술 분야나 체육 분야의 인재들을 집중적으로 양성하는 기관.

을 받아들였다. 당은 처음에 남쪽으로 내려간다는 얘기는 하지 않은 채 '조국과 인민을 위해 일해 보겠냐'고 제안했다. 그 말은 어린 심장을 두근거리게 했다. 목숨을 걸어야 할 수도 있다는 건 소년의 영웅심을 자극했다.

그길로 조상이는 평안남도 강동군 대동리로 옮겨졌다. 그곳에는 조상이 외에 스무 살 내외의 대원 여럿이 들어와 있었다. 입소한 다음 날부터 진남포를 출발하는 1969년 7월까지 고된 훈련이 되풀이되었다. 새벽 6시에 일어나 20킬로그램이나 되는 모래주머니를 메고 왕복 3.8킬로미터의 가파른 산길을 뛰었다. 구보는 가장 중점을 둔 기본 훈련으로 새벽, 아침, 오후 때로는 저녁까지 보통 3~4회를 했다. 처음에는 걷다 쉬다 했지만 3개월 지나면서 한 번에 뛰게 되었다.

구보 시간 외에는 권투와 유도 같은 격투기를 배웠다. 깊은 산골에 천막밖에 없는 상태라 권투는 바닥을 평평하게 다져서 하고 유도는 모래를 깔고 연습했다. 그렇게 대동리에서 6개월여 훈련을 받고 신양군 장산리로 옮겨 암호해독, 무전교신, 독도법과 사격을 훈련받았다.

조상이는 두 번째 겨울이 깊어지던 어느 날 "남쪽으로 가는 게 임무다"라는 얘기를 들었다. 그날따라 추위는 더욱 매서웠다. 늑대울음은 눈폭풍에 뚝뚝 끊겼고 훈련소를 에워싼 산줄기의 속살까지 얼어붙을 정도였다.

—— 며칠 만에 허무하게 잡히다

1969년 7월 20일 낮 12시 조상이는 조장 한○○과 함께 진남포를 출발했다. 1968년 김신조 사건 이후 DMZ 부근에 철조망이 세워지고 경계가 강화돼 바다 쪽으로 경로를 바꿨다. 조상이와 조장 한○○는 쾌속정을 타고 7월 21일 새벽 1시 전라남도 영광의 법성포 해안에 다다랐다. 두 사람은 이틀에 걸쳐서 밤을 빌려 장성까지 내달렸다. 중간에 길을 잘못 잡아 고창으로 올라갔다가 다시 내려오느라 시간을 조금 까먹었지만, 계획한 일정에서 벗어나지 않았다. 두 사람은 장성군 야산에 소총과 배낭을 묻고 일제 점퍼로 갈아입었다. 7월 24일 밤차를 타고 서울역에 도착했을 때는 25일 새벽이었다.

이틀 동안의 야간행군에 밤차를 타고 오느라 피곤한 몸을 양동의 삐끼가 잡아끌었다. 양동은 그때 사창가이면서 무허가 숙박업소들이 많았다. 역 광장을 가로질러 양동에 도착했을 때 두 사람은 당황했다. 골목을 따라 한두 칸짜리 방들이 다닥다닥 붙어 있는데 길은 진창이고 여기저기 쓰레기와 음식 찌꺼기가 널브러져 있었다. 담배를 문 채 짧은 치마를 입고 돌아다니는 여자의 모습도 낯설었다. "너희들 처음이지" 하는 삐끼의 목소리는 알쏭달쏭하면서 끈적거렸다. 겨우 뿌리치고 방문을 닫아걸었을 때 조상이는 땀범벅이었다.

이튿날 조상이는 조장과 함께 구경삼아 서울역 광장과 남대문시장을 둘러보았다. 다음 날엔 서로 떨어져서 이곳저곳을 둘러보고 오후 6시에 서울역 시계탑에서 만났다. 역 근처 조그만 식당에서 두 사람이 저녁으로 설렁탕을 시켰을 때 창문 너머에서 "쟤네들이에요" 하는 소리가 들리더니 경찰 네다섯 명이 들이닥쳤다.

잡히고 나서 확인해 보니 조장 한○○가 혼자 다닐 때 서울역 대합실에서 어떤 청년에게 말을 걸며 돈 자랑을 한 게 화근이었다. 옷은 일본제로 각을 세웠는데 북녘 말투를 쓰고 주머니에 돈이 많으니 의심을 산 것이다. 그때는 1968년 1월에 김신조의 청와대 습격이 있었고 1969년 3월에는 주문진 무장침투 같은 사건이 터져 '수상하면 신고한다'는 국민정서가 깔려 있던 시절이었다.

그들이 잡혀간 곳은 남산 밑에 '신한무역회사'라는 간판을 단 대공수사기관. 조장 한○○가 상세히 진술하는 바람에 조상이는 별로 조사받을 게 없었다. 이들이 너무 어리기도 하니 사나흘 되면서는 수사 분위기가 느슨해졌다. 그곳에서 조사를 마치고 조상이가 옮겨진 곳은 대방동에 있는 미군 첩보부대. 그곳에서 1년 정도 구금되어 소환에서부터 훈련과정, 침투 루트 등에 대해 몇 번에 걸쳐서 세밀한 진술을 했다.

—— 교도소에서 그리웠던 엄마의 밥상

"네가 사형받을 짓을 한 건 아닌데 간첩은 어쩔 수 없어."

"……"

"여기 빵하고 우유 좀 먹어."

1심에 이어 2심에서도 사형 선고를 받은 날 담당 검사였던 서울지검 공안부 이창우는 나름 위로한다고 조상이를 검사실로 불러들였다. 조상이는 권유에 못 이겨 크림빵 한 조각을 베어 물었다. 이젠 꼼짝 못 하는 사형수 처지. 사형이 집행될 것도 무서웠지만 언제일지 모르는 그날까지 기다리며 서울구치소에서 살아야 하는 것도 끔찍했다.

서울구치소에서 1심 판결이 나기 전까지 조상이는 건달에게 '심심풀이 땅콩'이었다. '새끼 빨갱이'라고 놀려 대고 목욕이나 운동 시간에 만나면 툭툭 건드리며 조상이를 괴롭혔다. 교도관들은 외면하거나 말리는 시늉만 했다. 조상이가 사형 선고를 받고 나서야 건달들도 태도가 달라져 자잘한 괴롭힘이 없어졌다. 그런데 다른 고통이 찾아왔으니, 1심에서 사형을 선고받은 날부터 자살을 막는다고 그의 손에 24시간 수갑이 채워진 것이다. 옷을 갈아입을 때나 목욕할 때만 풀어 줄 뿐 밥 먹거나 용변 볼 때도 수갑을 찬 채로 해결해야 했다.

굶주리는 것도 큰 괴로움이었다. 서울구치소에서 동그랗

고 납작한 틀로 눌러 주는 밥덩이는 아이의 주먹 크기. 된장국은 건더기가 없었고 반찬은 무장아찌뿐. 하루 세끼 일 년 365일이 그랬다. 그의 나이 스물, 무쇠도 소화시킬 나이에 식사가 그러하니 밤마다 허기에 배가 쓰렸다.

배고픔에 독방에서 몸을 웅크리고 있으면 엄마의 손길이, 엄마의 밥상이 떠올랐다. 휴전 후 배급 사정이 어려워 7남매의 끼니를 챙기는 건 엄마에게 고난이었다. 저녁때가 되면 엄마는 나중에 아빠 오시면 같이 먹겠다고 슬며시 일어났고 7남매는 그런 엄마를 아랑곳하지 않고 숟가락을 들었다. 보리밥에 김치한 보시기, 된장에 나물 하나가 전부였지만 엄마의 사랑이 가득한 밥상이었다. 구치소에서 허기를 못 이겨 잠이 깰 때면 눈앞에 엄마의 밥상이 헛것처럼 보이곤 했다.

사형 집행이 될 때까지 이 괴로움을 겪어야 한다고 생각하니 조상이는 검사의 위로가 역겨웠다. 건네준 크림빵은 떫고 씁쓰레해 목구멍으로 넘어가지 않았다.

사형수로 살아가던 1972년 어느 날, 조상이는 대법원에서 '무기징역'으로 감형한다는 판결문을 받았다. 예상치 못했다. 조상이는 판결이 반갑지 않았다. 목숨을 건졌다는 게 기쁘기보다는 이런 징역을 평생 살 걸 생각하니 기가 막혔다. 그날 조상이는 차라리 죽여 달라며 감방문을 흔들고 마구 울부짖었다.

—— 괄시받는 좌익수가 1급수가 된 비결

"내가 이렇게 열심히 살았는데 좌익수라고 혜택이 없으니 이게 뭐야."

"야, 조상이 너 이 새끼 뭐 하는 거야."

조상이는 교무과장의 말을 무시하고 책상을 뒤집어 엎었다. 물컵이 쏟아지고 서류철이 나뒹굴었다. 하마터면 석탄 난로까지 엎어질 뻔했다. 소동은 교도관이 떼로 달려들어 조상이를 막아서며 수습되었다.

"저 새끼 빨리 사방에 가둬"라는 교무과장의 고함 속에서도 조상이는 "사람대접을 해 줘야 할 거 아니야"라고 소리쳤다. 그 목소리는 복도에 들어찬 겨울 한기를 뚫고 전주교도소 바깥 담장까지 울려 퍼졌다.

서울구치소에 있을 때 무기수로 감형받고 조상이는 대전교도소를 거쳐 1973년도에 전주교도소로 옮겨졌다. 일반 재소자들은 서울구치소에 막 들어갔을 때처럼 '소년 빨갱이'라고 조상이를 놀려 댔다. 조상이는 나쁜 짓 하다 잡혀 온 놈들이 그래도 통일사업을 위해 내려온 자기에게 비아냥대는 것을 두고 볼 수 없었다. 평양 뒷골목에서 싸움깨나 했던 배포에 공작원 훈련 때 익힌 무술로 깡패들과 여러 번 맞짱을 떴다. 싸움 뒤에는 교도관에게 매질을 당했다. 조상이는 허망함을 느꼈다. 이렇게 평생 살아갈 걸 생각하면 끔찍했다. 서울구치소에서부터 갖고 있던 자살 충동이 불쑥불쑥 솟아오르곤 했다.

그때 조상이보다 스물한 살 많은 양원진이 자신이 조장으로 있는 목공반으로 조상이를 이끌었다. 그는 "어떻게든 살아나가야 한다"라며 위로해 주고 목수 일을 배우는 데 마음을 의지하라고 권했다. 양원진은 세밀하면서도 빠르게 작업할 수 있는 기술을 알려 주고 조각 나무를 수시로 구해 조상이가 연습할 수 있게 도와주었다.

그때 조상이는 생각을 바꿨다. 교도소에서 실력을 키워 "언제가 될지 모르지만 바깥세상에 나가 보란 듯이 살겠다"고 다짐을 했다. 그 후 조상이는 노력을 기울여 전주교도소 대표로 기능올림픽에 나가 건축과 목공 부문에서 금메달을 땄다. 원래 좌익수는 나갈 수 없지만 전주교도소는 실적이 필요했고 조상이의 실력이 워낙 뛰어나니 언제나 출전 1순위였다.

삶의 의욕을 찾은 조상이는 더 대단한 일도 해냈다. 1973년 전주교도소로 와 4급수에서 1급수로 올라간 것이다. 급수가 올라가면 처우가 달라진다. 식사의 양도 많아지고 가석방 심사 때 가산점이 붙는다. 1급수가 되면 몸수색도 안 받는다. 그래서 재소자들에게 등급 분류는 매우 중요하다.

문제는 등급을 올리려면 책임 점수를 따야 한다는 것. 분류심사에서 조상이한테 부여된 점수는 1080점. 이를 채워야 한 등급이 올라간다. 그런데 한 달에 딸 수 있는 최대 점수는 12점. 1080점을 따려면 매달 만점을 받아도 꼬박 7.5년이 걸린다. 4등급에서 1등급으로 올라가려면 최소 23년이 필요한 셈이다.

조상이는 달마다 12점 만점을 받는 것은 물론 기능올림픽에서 거푸 금메달을 따고 교도소 내 체육대회에서도 단거리와 구기대회에서 우승하며 가진급을 받아 6년 10개월 만에 1급수가 되었다.

모든 좌익수에게 천형이었던 전향 문제 또한 조상이는 대전교도소 시절에 처리(?)한 상태였다. 대전교도소 시절 전향 공작이 극심해 좌익사범들이 매일 고문에 시달릴 때 조상이에겐 남다른 어려움이 있었다. 전쟁 시기에 잡힌 인민군이나 빨치산은 조상이보다 보통 스무 살 이상 많았고 남파 공작원도 10년 이상 선배들이어서 그는 누구와 말을 나누고 마음을 의지하기가 어려웠다. 그리고 통일사업으로 내려왔다고는 하지만 어린 소년에 불과했기에 '사상의 순결성과 견고함'은 조금 먼 얘기였다. 전향 공작 같은 큰 시련을 홀로 맞서기는 아무래도 무리였다.

조상이는 결국 전향서에 이름을 올렸다. 전향공작반은 이렇게 하면 빨리 출소할 수 있다고 꼬드겼고, 조상이도 언젠가 출소를 하면 평양으로 갈 수 있는 길이 열리지 않겠나 생각했다. 그리고 전주교도소로 옮겨와 목공방에 들어가면서부터 자타가 공인하는 모범수가 되었던 것이다.

하지만 모범수가 돼도 그뿐. 금메달을 따 전주교도소를 으스대게 해 주었지만, 감형이나 가석방 후보로도 거론되지 않자 불만이 폭발해 교무과장 책상을 엎은 것이었다. 교도소에서 교무과장은 재소자들의 행형 성적을 판정하는 하늘 같은 나리인데 그에게 대들었으니 조상이로서는 징벌방을 예약한 것과 다를 바 없었다.

그런데 교도소장이 주재한 간부회의에서 내려진 결론은 뜻밖에도 '귀휴', 즉 4박 5일 동안 바깥바람을 쐬게 한다는 것이었다. 조상이의 배짱과 노력을 인정한 김제와 전주의 건달들이 교도소 앞까지 차를 보내 줘 그들 덕에 며칠 동안이나마 세상 나들이를 했다.

특별했던 귀휴는 달콤했지만, 감방으로 돌아오니 고향 생각이 더욱 간절해져 쇠창살 사이의 검푸른 하늘을 멍하니 쳐다보곤 했다. 남파되기 일주일 전 휴가를 얻어 집에 갔을 때 둘째 형과 장기를 두었다. 평소 무뚝뚝하기만 하던 아버지가 옆에 와 등을 어루만지며 이리저리 훈수를 두었다. 여동생 상옥이와 상실이는 "상이 오빠 이겨라" 하며 꿀물을 타 왔다. 장기판에 둘러앉아 웃고 박수칠 때 엄마는 부엌에서 온면을 만드셨다. 수십 년이 되어도 잊히지 않는 장면이다. 그는 창살 너머 먼 하늘을 바라보며 간절히 빌었다. 딱 한 번, 딱 한 번만 그렇게 가족이 둘러앉을 수 있다면 더 바랄 게 없겠다고….

—— 신영복 선생을 만나서

"조 선생, 한 개비 더 없나요. 아주 좋네요."

신영복 선생이 맛있게 담배 연기를 내뿜으며 조상이한테 말을 건넸다.

"몇 까치 더 보내 준다고 했으니 조금 기다려 보시죠. 참 이 술 한잔 드셔 보실래요. 애들이 오늘 목공장에서 건네주더라고요."

조상이가 신영복에게 건넨 술은 교도소에서 재소자들이 만든 밀주로, 요구르트에 설탕을 넣어 만든 것이었다.

신영복은 1986년 2월 19일, 대전교도소에서 전주교도소 2층 12방으로 옮겨왔다. 11방은 재소자들이 서예를 배우는 방이고 12방은 서화를 배우는 방이었다. 그렇다고 따로 시설이 있는 것은 아니고 방바닥에 담요를 깔고 그림을 그렸는데 원광대 동양화과 교수인 벽강 유창희가 틈틈이 교도소로 와 지도를 하던 참이었다.

조상이는 신영복과 곧바로 마음을 나누는 사이가 되었다.

조상이는 신영복 선생 환영을 겸해 옆 방 건달에게 얻어 온 담배를 나눠 피우고 요구르트로 만든 술까지 대접했다. 소탈한 신영복 선생은 화장실에서 조상이와 그 맛을 함께 음미하며 18년째 사는 징역이라고 했고 조상이는 "올해 17년째입니다" 하며 서로를 위로했다.

신영복 선생이 들어온 다음 날부터 조상이의 방은 붐볐다. 사상범은 말할 것도 없고 교도소의 간부도 인사를 왔다. 대학 입시를 준비하거나 진급시험을 준비하는 교도관은 신영복 선생에게 배움을 청했다. 한국화를 공부하는 조상이에게 신영복은 '함께 가자 우리', '여럿이 함께' 같은 글씨를 써 보이며 한 폭의 글은 "대소·강약·농담 등이 서로 의지하고 감싸 줘야 한다"는 알 듯 모를 듯한 가르침을 주었다.

1988년 8월 14일 광복절 특사로 나가게 된 신영복은 "먼저 나가게 돼서 죄송합니다"라며 조상이의 손을 꼭 잡고 병풍용 두 벌, 액자용 일곱 장의 글씨를 선물해 줬다.

—— **아픔으로 끝난 두 여자와의 인연**

조상이는 신영복 선생이 나간 이듬해 가석방되었고 보안관찰 담당인 전주경찰서 형사의 소개로 인테리어 일에 발을 들여놓았다. 기능올림픽 금메달 솜씨 덕에 일당도 높았고 제법 돈도 모았다. 그리고 1999년, 출소해 처음으로 여자를 만났다. 그의 나이 50 줄에 접어들 때였다. 조상이는 "나는 아무것도 모른다. 벌어다만 줄 테니 살림을 잘해라"라고 당부하고 개미처럼 몸을 부렸다. 하지만 정서의 차이가 컸는지 결혼생활이 순탄치 않았다. 결국 1년 만에 헤어졌고, 출소해서 10년간 번 돈으로 마련한 집을 외아들의 양육비로 주고 연장만 들고 나왔다.

그리고 10년간 홀아비 신세로 지냈다. 예순에 접어들 무렵, 그가 전주 인근에서 스무 세대 빌라 단지의 내장 공사를 하던 때였다. 공사를 맡긴 시행사 대표의 단골 대리기사가 "참한 손님을 한번 모셨는데 홀로 된 여자고 괜찮은 가게를 몇 개 갖고 있다"며 만나 볼 것을 권했다. 조상이는 낼모레 환갑인데 뭔 여자냐고 손사래를 쳤지만 주변에서 하도 권해 마지못해 저녁을 같이 먹었다. 그리고 이어진 몇 번의 술자리. 여자는 수더분한 얼굴에 웃는 모습이 평양의 여동생 상옥이를 생각나게 했다.

조상이는 새로이 가정을 꾸려 볼까 하는 생각이 솟았다. 마음이 가니 능력도 보여 주고 싶었고 믿음도 표현하고 싶었다. 어느 날, 결제받은 공사대금을 맡기며 잘 관리해 달라고 부탁을 했다. 그런데 그다음 날부터 연락이 닿지 않았다. 이리저리 알아보니 사기 전과가 수두룩했고, 자기가 운영한다던 의

열아홉 소년이 일흔 나이가 되었으니 고향에 돌아간대도 누가 그를 기억할 것이며, 반겨 줄 것인가. 그렇지만 조상이 선생은 죽기 전에 한 번만이라도 가 보길 원한다.

상실은 손님으로 한두 번 드나든 곳인데 주인행세를 한 것이었다.

경찰에 고발할까? 그 돈을 받아 낼 수 있을까? 내일모레면 벌써 예순, 집 한 칸 마련하지 못했는데 이런 낭패가 없었다. "그래 이 미친놈아, 어떤 여자가 미치지 않았으면 60 줄에 가진 거 하나 없는 나를 좋아했겠나, 뭔가 꿍꿍이속이 있었던 거지"하며 자책하고 또 자책했다. 조상이는 근 3개월 동안 방구석에만 있었다. 오는 전화는 다 마다했다. 전화를 안 받으니 한동안 일자리를 알리던 문자도 뚝 끊겼다. 끼니도 때우는 듯 마는 듯했다. 정 허기지면 햇반을 데워 고추장을 찍어 먹었다. 차돌 같았던 그의 몸은 바싹 마른 나무처럼 팍팍해졌다.

잠 못 이루는 밤은 계속되었다. 조상이는 남들 눈을 피해 밤 12시에 집을 나서 아무데나 차를 몰고 돌아다녔다. 때로는 굼벵이처럼 느리게 달렸고, 때로는 미친 사람마냥 속도를 높였다. 밤이 깊어 차가 뜸해지면 이대로 어딘가를 들이박을까 생각도 했다. 서울구치소에서 그를 사로잡았던 자살 충동이 다시 고개를 들었다.

밤길을 하염없이 달리면 까마득한 어둠 멀리서 안개꽃 같은 엄마 얼굴이 아련하게 떠올랐다. 어디선가 '얼굴 한번 보자꾸나' 하는 아버지 목소리가 들리더니 둘째 형이 "상이야 내가 미안하다" 하고 고개를 수그리며 나타났고 여동생은 가슴 가득

코스모스를 안고 뛰어왔다.

그렇게 새벽 대여섯 시까지 몸을 부대끼면 긴 하품이 몸에서 올라왔고 그제야 집에 돌아와 몸을 뉘였다. 몇 번 몸을 뒤척이다 "죽기 전에 부모님 산소라도 한번 찾아 봬야 하는데…" 하며 중얼거리다 잠들었다.

—— 아들의 부탁에 살아갈 힘을 얻고

그런 그를 다시 일으켜 세운 건 하나뿐인 아들이었다.

"아빠, 나 오늘부터 유치원 다녀."

어느 날 걸려 온 전화에서 아들이 들뜬 목소리로 말했다. 유치원 들어갔다고 엄마가 핸드폰을 사 줘 첫 전화를 아빠에게 걸었다는 것이다. 조상이는 아빠가 멀리 돈 벌러 왔는데 맛있는 것 사 가지고 갈 테니 엄마 말 잘 듣고 있으라 말하고는 전화를 끊었다. 신기하게도 아들의 그 전화 한 통이 3개월 동안 빠져 있던 끈적한 늪에서 조상이를 나오게 했다. 자신이 지켜야 할 누군가가 있다는 사실이 그에게 힘을 주었다.

이제 그 아들도 어느덧 성인이 되었다. 얼마 전 첫 직장을 구한 아들은 "아빠! 내가 중고차 한 대를 사고 싶은데 300만 원만 빌려줄 수 있어요?"라고 전화를 걸어 왔다.

직장이 전주 외곽이어서 출퇴근에 차가 필요한데, 모은 돈이 있지만 300만 원이 부족하다는 것이었다. 첫 번째 여자와 헤어지고, 아들이 성장할 때 옆에 있어 주지 못한 게 늘 미안했다. 마음이 애달파 매달 적게나마 용돈을 거르지 않고 보내 줬는데 그 돈을 쓰지 않고 모았다니 기특했다. 얼굴은 보기 힘들어도 전화 통화는 자주 하고 힘을 주었던 아들, 그 아들이 사회에 첫발을 내디딘다고 하니 300만 원이 아니라 3000만 원도 좋고 새 차라도 뽑아 주고픈 마음이다. 20년 전에 연장만 차고 집에서 나올 때 녀석은 꼬물대는 손으로 자기 얼굴을 만지며 곤하게 자고 있었다. 솜털 같은 볼에 입맞춤을 하고 나올 때 마음이 아팠다. 북쪽 고향으로 돌아가는 길은 기약 없는데 남쪽에서 얻은 핏줄과 헤어져야 하니 자신의 팔자가 정말 기구하다는 생각이 들었다.

일흔도 넘었고 코로나로 현장도 어수선해 일할 의욕도 떨어졌는데 아들이 첫 직장을 얻었다는 전화는 예전처럼 조상이한테 힘을 북돋아 주었다. 신영복 선생이 전주교도소에서 출소하는 날 "조 선생님, '새끼는 언제나 어미새의 새봄'이니 감옥 문을 나서면 꼭 결혼해 씩씩한 아들을 낳으라"고 했던 말이 떠올랐다.

조상이는 아들과 통화가 끝나기 무섭게 다시 목수 연장을 추슬렀다. 언젠가 고향으로 갈 터이니 그 전에 아들에게 조그

마한 밑천이라도 마련해 주고 가야 하지 않겠나 중얼거리면서
연장통을 둘러멨다.

못다 한 이야기

• 이 책에 적은 조상이의 체포 경위는 서울시경의 발표와 다소 차이가 있다. 시경의
발표를 실은 1969년 8월 2일자 《경향신문》에 따르면, 조상이 일행을 신고한 것은
허상찬 부부인데 허상찬은 7월 24일 낮 12시 20분쯤 서울역 3등 대합실에서 조상
이와 함께 내려온 한○○를 우연히 만났다. 한○○는 허상찬에게 "제주도에서 올
라왔는데 의지할 곳이 없다. 원하면 장사 밑천을 대 줄 수 있다"고 말했다고 한다.
허상찬이 한○○의 무허가 하숙집을 찾아가 돈을 요구하자 구권으로 구김 없는 돈
을 꺼내는 것을 보고 간첩으로 확신해, 저녁을 먹으러 한○○, 조상이, 허상찬이 식
당으로 갔을 때 허상찬의 아내가 신고했다는 게 보도의 요지다.
사실의 세세한 부분이 조상이 선생의 진술과 차이가 있지만 여기선 조상이 선생의
기억을 중심에 두고 기록했다.

오기태

우리에게 더 이상
시간이 없습니다

"아흔 살 저는 오늘도
대통령께 편지를 씁니다."

오기태

오기태는 잠을 설치다가 몸을 일으켰다. 새벽 2시, 사방이 깜깜하다. 동생 조상이는 어제 일이 고됐는지 이불을 저만치 밀어내고 곤하게 잔다. 오기태는 이불을 덮어 주고 그의 손을 잡아보았다. 거칠고 팍팍하다.

오기태가 1932년생이고 조상이가 1950년생이니 올해 90세와 72세의 나이다. 두 사람은 전주교도소에서 처음 만났다. 1989년 12월 24일 같이 출소해 2000년부터는 전주 평화동 주공아파트에서 20년을 함께 살고 있으니 특별한 인연이다.

오기태는 오른쪽으로 굽은 허리를 일으켜 책상에 앉았다. 대통령에게 청원서를 쓰겠다고 마음먹은 지 벌써 한 달. 눈은 컴컴하고 손마디는 힘이 없어 글씨가 엉망이었다. 컴퓨터를 들여 타자 연습을 해 보다가 하루 만에 포기했다. 그리고 다시 볼펜을 잡고 여러 날 동안 썼다 지우기를 반복했다. 오늘은 어떻게든 마무리 지을 참이다. 갑자기 새된 기침이 나온다. 그는 조상이의 잠을 깨우지 않으려고 소리를 낮추고 휴지를 입에 갔다 댔다. 그리고 첫 줄을 적었다.

대통령님께 부탁드립니다. 제 나이 올해 구십입니다. 살

날이 얼마 안 남았습니다. 죽기 전에 북녘땅, 아내와 자
식들이 있는 곳으로 돌아가게 해 주십시오.

── 두 달 일정으로 내려와 50년을 돌아가지 못하다

오기태는 노동당 문화부의 소환을 받고 남파되었다. 1969년 7
월 황해도 해주에서 달빛을 안고 내려와 전남 장흥의 수문리
해안가에 닿았다. 그날 밤은 야산에서 남해의 파도 소리를 들
으며 눈을 붙였다. 다음 날 일찍, 전남대 출신의 조장 이봉로와
함께 기차를 타고 광주로 향했다. 그곳에서 두 달간 노동자와
학생들의 동향을 파악하는 것이 주어진 임무였다.

오기태는 광주 대인동의 한 여인숙에 숙소를 잡고 일당 잡
부로 건설현장에 나갔다. 노동자들과 담배를 나눠 피며 "내 고
향은 신안군 임자도요"라고 통성명을 했고, 국밥집에서 술잔을
기울였다. 일요일에는 이봉로 조장과 전남대 앞 서점에 들러
책도 사고 학생들과 두런두런 이야기를 나눴다.

금세 다가온 10월의 귀환 날, 오기태는 해가 저물자 장흥
군 월암리 바닷가에서 땅굴을 팠다. 무전기를 켜 접선을 시도
하려는 참에 "동무, 마을에 가서 싸게 담배 한 갑 사 오겠소" 하
며 조장이 어둠 속으로 사라졌다.

검은 바닷가에는 달빛을 실은 파도가 밀려왔다가 잔 물방울을 뿌렸다. 사위는 물소리와 간혹 끼룩거리는 기러기 소리뿐이었다. 무전을 쳐야 할 시간이 넘었는데 조장의 발소리는 들리지 않았다. 오기태가 마을 쪽 어둠을 근심스레 바라볼 때 정적을 깨는 총성이 한 발, 곧이어 대여섯 발이 '두두두' 울렸다. 고함과 비명이 바닷가 마을을 뒤흔들었다. 오기태는 무전기를 집어 들고 땅굴에서 뛰쳐 나왔다. 지금 가까운 보성역으로 서둘러 가면 경전선 새벽 첫차를 탈 수 있다. 만일을 대비했던 계획이 현실이 될 줄이야….

오기태가 가까스로 순천행 기차에 올랐을 때, 역전 마당에 호루라기가 울리고 경찰이 경계망을 펼쳤다. 그는 순천에서 기차를 갈아타고 2차 접선 장소인 부산 형제바위로 갔다. 부산에서도 접선에 실패한 그는 3차 장소인 광주로 되돌아왔다.

예전에 묵은 여인숙에 행장을 풀었을 때, 그는 월암리 바닷가에서부터 일주일이나 옷을 갈아입지 못해 상거지 꼴이었다. 몇 시간 뒤 경찰 서너 명이 나타나 그를 둘러쌌고, 그날로 서울 대방동 미군 첩보부대로 이송되었다. 총상을 입고 치료받던 이봉로 조장도 거기서 다시 만났다. 그때는 몰랐다. 이날이 길고 긴 감옥 생활의 첫째 날이 될 줄은….

—— 강제전향도 '전향'인가

오기태는 눈을 비비며 다음 문장을 썼다.

> 광주교도소에 갇혀, 1989년 12월 24일 전주교도소에서
> 출소할 때까지 21년간 옥살이를 했습니다. 일본놈 앞잡
> 이처럼 민족을 팔아먹지 않았습니다. 살인을 한 흉악범
> 도 아닙니다. 저는 분단된 땅이 통일되어야 한다는 신념
> 으로 내려왔을 뿐입니다. 남쪽에 와서 노동자와 학생을
> 만나 조직사업을 했으나 불과 2개월, 그저 이름 석 자 주
> 고받고 친분을 나눈 정도입니다. 과연 20년 넘게 징역을
> 살아야 할 정도로 큰 잘못을 한 건가요? 설령 그렇다 하
> 더라도 충분한 대가를 치르지 않았나요?

어렵게 한 자 한 자 써 가던 오기태의 어깨가 들썩거렸다.
그는 2005년 급성폐렴에 걸려 중환자실에서 두 달간이나 있었
다. 가까스로 회복했지만, 그 후 목소리는 새되어졌고 마른기
침을 달고 살았다. 창문에는 한밤중의 한기가 달라붙어 성에를
수놓았고, 그 위로 달빛이 실눈처럼 쌓이고 있었다. 오기태는
기침을 억누르고 다시 펜을 들었다.

2000년 9월 장기수들이 송환될 때, 저는 '전향'을 했다고 제외되었습니다. 정녕 그 실상을 모르는 겁니까? 전주교도소에 있을 때, 간수들은 한겨울에 열다섯 명을 한 평도 안 되는 방에 몰아넣고 찬물을 끼얹었습니다. 얼음 칼이 옆구리를 찌르고, 등 뒤로는 무수한 바늘이 파고드는 듯했습니다. 입이 쩍쩍 벌어지고, 우리는 "살려 달라"고 부르짖었습니다. 돌아온 건 비웃음과 찬물 세례, 구두 발자국이었습니다. 이것만이 아닙니다. 허벅지에 전선이 감겼고 땅바닥에 내팽개친 물고기처럼 살점이 퍼덕거렸습니다. 전주교도소의 전향은 이런 고문에 따라 이루어진 것입니다. 이미 수없이 증언한 이야기이고, 저는 2001년 내 양심에 따라 '강제전향 무효' 선언을 한 바 있습니다.

힘겹게 써 내려가던 오기태는 다시 옆구리를 쥐었다. 급성 폐렴으로 사경을 헤맨 지 얼마 안 돼 2008년에는 대장암이 발견되었다. 나이 팔순이 가까워 얻은 큰 병이었다. 가까스로 치료는 되었지만 그 후 설사와 변비가 되풀이되었다. 지난해까지만 해도 동네 근처 학산을 오르내렸건만, 올해는 설사가 심해져 이마저 그만두었다. 오기태는 배를 어루만지며 잠시 책상에 얼굴을 묻었다. 창가에는 여전히 어둠이 웅크리고 새벽 햇살을 가로막았다.

　오기태는 1989년 출소 후 신원보증을 서 줬던 전주 남문화
방畫房 사장 밑에서 먹고 자며 일했다. 교도소 목공반에 있었던
그는 표구와 액자 일을 잘했다. 주변에서 "어떻게 저런 사람이
들어왔냐?"고 할 정도로 성실하게 일을 했고, 상점과 창고 등
열쇠 다섯 개를 도맡아 관리했다.

　하지만 IMF로 남문화방은 문을 닫았고, 오기태는 성공회
에서 운영하는 쉼터 '나눔의 집'으로 들어가게 되었다. 여기서
살면서 그는 영세민들과 노숙자를 위해서 밥 짓는 일과 상담
일을 맡았다. 그 무렵 다행히 임대아파트가 배정되어서 쉼터를
나와 전주 평화동으로 오게 된 것이다. 출소 후 인테리어 일을
하던 조상이도 오기태의 임대아파트로 들어와 그때부터 두 장
기수의 동거가 시작되었다. 오기태는 책상에 묻었던 얼굴을 들
고 다시 볼펜을 잡았다.

　　저는 1989년 12월 24일 출소해서 제일 먼저 고향 임자
　　도에 갔습니다. 아들이 인민군에 입대했다고 아버지는
　　총살당하고 형님은 조계산 어느 골짜기에선가 숨졌다
　　고 누이동생이 일러주더군요. 고맙게도 임자도의 제 학
　　교 동창들이 아버지 장례를 치러주었습니다. 저는 선산
　　에 가서 아버님께 술잔을 올리고 용서를 빌었습니다. 자

식들 때문에 총 맞아 돌아가신 그 한이 눈을 감으시고서라도 풀렸을까요?

아버님 눈에 임자도 푸른 물이 핏빛으로 일렁거렸을 것이고, 바다 갈매기는 시체 위를 떠도는 독수리 떼처럼 보였을 겁니다. 분단은 우리 가족에게 큰 한과 아픔을 주었습니다. 상처를 삭이기 쉽지 않았습니다.

본래 신안군 임자도에 살던 오기태는 1950년 전쟁이 일어나자, 빨치산이던 형의 권유로 인민군에 입대했다. 목포에서 남해여단에 편입되어 낙동강 전선으로 가려던 차에 맥아더가 인천에 상륙했다. 그는 여단을 따라 목포, 장흥, 지리산, 오대산을 거쳐 강원도 양양으로 후퇴했다. 여기서 인민군 2군단 9사단 32연대로 소속이 바뀌었다. 이때가 10월 말이었다. 당시 32연대장은 국군 대대장 출신으로 대대 병력 전체를 끌고 월북한 강태무였다. 32연대의 주요 임무는 금강산 일대에서 미군의 남쪽 퇴로를 막는 것이었다.

오기태는 참전 후 이곳에서 처음으로 전투를 치렀다. 1951년 여름에는 장티푸스에 걸려 큰 고생을 했다. 고열에 시달리며 6개월간 생사를 넘나들었다. 어렵게 건강을 회복한 그는 전방에 있을 때 노동당에 화선입당을 했다. 1953년 7월 27일 정전협정이 맺어질 때 그는 강원도 철원군 오성산에 있었다. 이후 4년간 복무를 더 하고 1957년 중사로 제대해 함경북도 온성에 있는 탄광으로 가게 되었다. 당시 북은 1차 5개년계획 (1957~1961)에 따라 중공업 부문에 청년을 집중 배치했다.

그는 온성 탄광에서 탄광지도원으로 승진했고, 군 인민위원회 상업검열국을 거쳐 국토청의 온성군 토지관리지도위원이 되었다. 이래저래 온성에서 일을 하던 오기태는 1957년, 군수 방직공장에 다니던 김외식을 만나 혼례를 치렀다. 3남매를 낳고, 막내가 아내 배 속에 있을 때 문화부의 소환을 받았다. 그후 6개월간 야간 행군, 태권도, 무전기 사용법을 훈련받고 이봉로 조장과 함께 내려왔다가 귀환 길에 체포되고 만 것이다.

—— 가족이 사는 온성을 눈앞에 두고 돌아선 이유

오기태가 가족의 한을 한 줄씩 써 갈 때, 새벽 4시로 예약 취사를 한 전기밥솥에서 '쉬쉬' 김이 빠지는 소리가 나기 시작했다. 새벽일 나가는 조상이의 아침상을 차려 줘야 한다. 오기태는 잠시 글쓰기를 멈추고 일어났다. 청국장을 끓이고 겨울 시금치를 무쳤다. 프라이팬을 달궈 꽁치도 올렸다. 맛나게 먹이고 싶은데 나이가 들어선가 간을 맞추는 게 힘들어 속상할 때가 많다. 요즘 들어 조상이를 보면 안쓰럽다. 일흔이 넘은 나이인데 전주에서 대전 유성까지, 그 먼 길을 오가며 공사장 일을 다니니…. 오기태는 그를 깨우려다 조금 더 자게 놔뒀다. 밥상 준비를 얼추 마치고는 책상에 앉아 다시 펜을 잡았다.

문재인 대통령님, 2018년 평양 능라도 경기장에서 하셨던 감동적인 연설을 기억합니다. 온 겨레가 가슴 벅차게 들었습니다. 저는 누구보다 더 감격해서 눈물을 흘렸습니다. 특히 "우리는 5000년을 함께 살고 70년을 헤어져 살았습니다. 나는 오늘 이 자리에서 지난 70년 적대를 완전히 청산하고 다시 하나가 되기 위한 평화의 큰 걸음을 내딛자고 제안합니다"라는 구절이 사무치게 와닿았습니다.

오기태는 '와닿았습니다'에 구두점을 찍고 다시 쿨럭쿨럭댔다. 사실 오기태는 1차 송환이 좌절되자 혼자 온성으로 넘어갈 수 있는 길을 찾아 나섰었다. 2004년부터 여러 번 연변 조선족 자치구로 넘어가서 온성군이 마주 보이는 도문圖們시 쪽으로 이동했다. 어찌어찌 중국 공안과도 선을 연결해 가족들의 생사를 알아봐 달라고 부탁했다. 그런데 신통한 결과가 없자, 그는 두만강을 그냥 건너가려 했다. 강만 건너면 온성이었다. 그는 10여 년 이상 그곳에 근무했기에 배를 타지 않고도 건너

갈 수 있는 길목을 알고 있었다.

그러나 오기태는 발걸음을 거두었다. 그는 몰래 담 넘는 것처럼 돌아가고 싶지 않았다. 판문점을 통해서 다른 동료 장기수와 함께 당당하게 돌아가고 싶었다. 그게 올바른 길이고 1차 송환에 이어 공식적으로 2차 송환이 이루어져야 남북 사이의 평화 분위기가 다소나마 살아날 것이라 생각했다.

두만강 건너기를 포기하고 연변에서 전주로 돌아오는 길에 눈물이 안개비처럼 내리고 가슴에는 검은 비가 흘렀다. 그러면서 늙은 몸은 오른쪽으로 구부러지기 시작했다.

오기태의 기침이 더욱 심해지더니 오장육부를 게워 낼 듯 소리도 커졌다. 휴지를 급히 뜯어 입을 막았는데도 피가 한 움큼 쏟아진다. 기침할 때마다 오줌이 조금씩 새어 나와 속옷마저 축축하다. 오기태는 옷을 갈아입고 다시 책상에 앉았다. 이제 몇 줄만 더 쓰면 된다. 얼른 마무리하고 새벽밥 먹여서 조상이를 출근시켜야 한다.

쿡쿡 찌르는 배를 움켜잡고 기침을 억누르며 다시 볼펜을 꽉 쥐었다.

저는 부탁드립니다. 적대를 청산하는 큰 뜻은 작은 일부터 시작해야 하지 않을까요? 2차 송환을 간절히 바라는 어느덧 구순을 넘나드는 노인들이 있습니다. 이제는 하

나둘 죽어 가고 있습니다. 지난 7월에도 강담 선생이 세
상을 떠났습니다. 박정덕 선생을 비롯 여러 동지가 요양
원 신세를 지고 있습니다. 올해 구십 살인 저도 내일을
알 수 없습니다.

2차 송환을 바라는 우리를 보내 주는 일은 평화를 위한
중요한 걸음입니다. 6·15선언을 실천하는 길입니다. 미
국 눈치 볼 필요도 없는 일입니다. 대통령님께서 결심하
면 할 수 있는 일조차 늦추면 안 됩니다. 우리에게는 더
이상 시간이 없습니다.

창문으로 어둠을 뚫고 슬그머니 달빛이 들어왔다. 한 뼘 조
각 같은 그 빛은 오기태가 벽에 붙여 놓은 두 장의 사진을 비췄
다. 한 장은 2000년 김대중 대통령과 김정일 위원장이 평양 순
안공항에서 악수하는 장면이고, 나머지 한 장은 2018년 백두산
천지에서 문재인 대통령과 김정은 위원장이 두 손을 맞잡고 하
늘로 들어 올린 장면이다.

오기태는 두 사진을 물끄러미 바라보았다. 기침이 계속되
었다. 고개가 자꾸 떨궈지고 눈마저 감긴다. 일어나 세수를 하
고 나니 몸이 바르르 떨렸다. 그는 쓰러질 듯 다시 책상에 앉았
다. 감기는 눈을 치뜨고 힘을 잃은 고개를 가누며 마지막 줄을
적었다.

죽기 전에 아내 김외식과 춘자, 정자, 성일 그리고 이름 조차 모르는 막내를 죽기 전에. 죽기 전에…

마지막 구절을 남겨두고 그의 손에서 볼펜이 툭 떨어졌다. 동시에 고개가 푹 책상으로 떨궈졌다. 기침과 숨이 가늘게 몇 번 이어지더니 이내 잦아들었다. 오기태의 눈은 어느새 감겨 버렸다. 시계는 새벽 3시 56분을 가리키고 있었다.

못다 한 이야기

• 오기태 선생은 2020년 12월 4일 필자에게 생애를 들려주었다. 그날 힘주어 문재인 대통령에게 청원서를 올릴 것이라며, 그 요지를 설명해 주었다. 그리고 청원서를 올렸는데도 2021년까지 송환이 안 되면 연변을 통해 온성으로 가서 죽기 전에 가족을 만나겠다고 의지를 밝혔다. 그는 구술 3일 후인 2020년 12월 7일 새벽 3시 56분에 돌아가셨다. 이 글은 그가 채 완성하지 못한 청원서와 새벽에 숨진 상황 등을 담아 그의 삶을 그려 낸 것으로, 인용 형태의 청원서는 선생의 글이 아니라는 걸 밝혀 둔다.

• 오기태 선생에 관한 판결문을 구할 수 없어 《조선일보》 1969년 10월 5일자 기사 등을 참조했는데, 체포 경위 같은 부분에서 구술과 다른 점이 있으나, 선생의 구술을 중심에 놓고 서술했다. 《조선일보》는 당시 상황을 다음처럼 보도했다.
"오기태는 조장과 헤어진 후 10월 1일 밤 9시쯤 광주로 돌아왔다. 오기태가 돌아오자 하숙집 여주인 김모(37) 여인이 오를 방으로 유인하려 하자 눈치를 챈 오는 도망가려 했다. 이때 여인은 '간첩이다' 하고 소리치며 오의 허리에 매달렸고 이웃 주민 2명이 함께 오를 대인동 파출소에 인계했다."

오기태 선생을 포함해 강담, 박종린, 김교영 선생은 이 책을 준비하던 중에 돌아
가셨다. 살아 있는 일곱 분도 언제 돌아가셔도 이상하지 않은 고령이다. 그렇게
송환을 요구하는 비전향 장기수가 모두 없어진다면 이 문제가 해결되는 것인
가. 더 이상 남은 시간이 없는 이분들의 죽음을 기다리는 것은 과연 정의로운가.

비전향 장기수,
그들을
더 이해하기 위해서

"그 사람은 당신네 나라 백성이 아닙니까?"

『송환, 끝나지 않은 이야기』를 읽고서

— 임헌영 | 민족문제연구소 소장, 문학평론가

한국판 『주홍글씨』라는 평가를 받는 『순애보殉愛譜』의 작가 박계주는 기독교적 휴머니즘과 민족주체성을 바탕 삼아 대중소설을 계몽의 도구로 활용한 인기작가였다. 중국 길림성의 용정 출신답게 그는 독립운동과 광복 이후 분단 현실을 어느 소설가보다 더 많이 다루면서 이승만 친일정권을 가장 신랄하게 비판했다. 그의 신앙과 사상의 뿌리는 자기희생을 실천하는 영성주의를 주장했던 항일 독립운동가 이용도 목사에게서 비롯됐다.

이 작가가 5·16쿠데타 직후(1961.6.12.) 《동아일보》에 연재했던 『여수旅愁』라는 유명한 소설이 있다. 이 소설은 이승만에서 장면에 이르기까지 남한 정권의 반민족적인 정치 행각을 신랄하게 비판하고 있다.

"외유내강(外柔內剛)이란 말이 있다. 하지만 한국민족은 변질된 외유내강의 종족이라 하겠다. 즉, 외세에 대해서는 지극히 연약하면서도 자기 민족에 대해서는 영악하고 잔인한 민족인 것이다. (중략) 왜놈들이 국방헌금을 바치라 하면 바쳤고, 창씨(創氏)라 하여 일본 성명으로 고쳐라 하면 고쳤고, 징용이나 근로봉사대에 나가라 하면 나갔고, 심지어는 아들들을 전쟁터에 보내라면 보내지 않았던가."

이어 "자유당 놈들은 썩을 대로 썩었건만 권력 연장과 이권 독점을 위해 얼마나 많은 야당인사들을 괴롭히고 테러하고 나중에는 억울한 죄명까지 씌워 투옥케 했으며, 민주당 놈들과 신민당 놈들은 백성이야 도탄 속에 빠져 있거나 말거나 자기들의 권력다툼과 이권운동에 눈이 뻘게 돌아가지 않았던가. 이렇게 용감한 애국자들이 왜 일제시대에는 찍소리 한 번 치지 못했던가"라고 여야를 가리지 않고 통매했다. "이승만의 말이라면 똥도 떡이라고 핥아먹을 이승만의 '개'들"이라며 작가는 자유당의 우상숭배를 야유했다.

이 소설의 남주인공(춘우, 작가이자 대학교수)의 유럽 여행기는 지금 읽어도 여러 대목에서 감동할 수밖에 없는데 가장 놀라운 장면은 서독에서 검찰간부와 나눈 아래와 같은 대목이다.

"스파이와 국가 변란죄는 독일에서 최고형이 얼맙니까?"

"5년입니다."

춘우는 귀를 의심할 정도로 놀랐다.

"귀국에서는 얼맙니까?"

"사형입니다."

이번에는 검찰간부가 깜짝 놀랐다.

"왜 사형합니까?"

"국가를 전복시키는 건데 그에서 더 큰 죄가 어디 있습니까."

"그 사람은 당신네 나라 백성이 아닙니까?"

너무나 감동적인 장면이 속출하기에 다 소개할 지면은 없지만 한 가지만 짚고 넘어가자. 당시 서독의 1마르크가 동독의 4마르크에 해당되었지만, 서독의 극장 앞에는 "동독 손님이거든 동독 화폐 1마르크로 그냥 들어와도 됩니다"란 간판이 붙어 있다. 그들은 이왕이면 동·서독이 서로 우선적으로 교역을 한다는 것, 특히 없는 것은 바꿔 가며 살자는 것, 통일이 되면 동독의 것도 서독의 것도 다 독일의 재산이라는 독일인들의 정치, 민족의식을 우러러보다가 작가는 불쑥 시선을 한반도로 돌려 남북한 학생들의 수학여행 교환을 주장한다. 1961년 바로 5·16쿠데타 직후에!

그로부터 꼭 61년이 지난 오늘의 한국은 어떤가! 여전히 국가보안법은 스파이와 국가 변란죄에 대해 사형까지 선고할 수 있고, 남북 간의 교류는 꽉 막혀 있지 않은가!

서독에서는 5년이 최고형이었던 간첩이 우리나라에서는 사형이나 무기징역까지 받을 수 있어, 30년 이상 감방살이 경력자가 수두룩하다. 세계 최장기수 기록 보유자가 45년 만에 출옥한 한국의 김선명 씨인 걸 아시려나? 아마 장기수 올림픽이 개최된다면 우리나라가 줄줄이 메달을 따고도 선수들이 남아서 여러 나라에 스카웃당할 판이다. 이게 자랑일까!

더구나 그들을 그냥 투옥한 게 아니라 얼마나 엄청난 고통을 주었던가를 보통사람들은 상상도 못할 것이다. 지구상에서 가장 혹독한 고문과 학대를 수사 과정에서 당하고서 장기수가 된 그들은 형무소 안에서도 가장 작은 밥 덩어리를 받으며 배를 곯아야 했다. 겨울에도 홑옷 하나로 온몸이 얼어 가며 좁은 감방에 홀로 갇혀 지내야 했다.

그들에게 날벼락이 떨어진 것은 박정희의 유신통치 선언 이듬해인 1973년 8월 2일이었다. 박정희는 "남한에 있는 비전향 장기수도 전향시키지 못하는데 어떻게 북의 이데올로기를 깨부술 수 있겠느냐"면서 전국 좌익수 전원을 전향시키라는 엄명을 내렸다. 이로써 전향공작반이 급조되어 흉악 파렴치범들로 구성된 고문 폭력단이 만들어졌다. 그 흉악범들이 자행했던 야만적인 학대와 폭력과 고문은 인간의 한계를 넘어서는 지옥의 극한치였다.

이 시기(1973~1975년)에 개인적인 정황에 따라 다르지만 많은 장기수들이 생명을 잃거나 강제로 전향을 당했으며, 이런 고통을 초인적으로 이겨 낸 사람들이 비전향 장기수가 되었다. 전향수든 비전향수든 장기수들은 누구나 다 이런 고통을 겪었으며, 전향이냐 아니냐의 차이는 미미할 뿐이다. 그것으로 인격의 우열이나 신념과 투지의 강약을 판가름하는 건 어리석고 불합리한 일이다. 그들은 이런 시대에 고통을 당했다는 그 자체만으로도 고귀하다.

시대가 바뀌어 민주화와 국제적인 여론의 추세로 노태우 전 대통령 때 전향 장기수를 석방했고, 얼마 뒤 비전향 장기수들도 다 석방되었다. 그러나 그들을 맞은 냉전체제의 한국 사회는 너무나 냉랭하여 있던 돈도 다 사기당하거나 털렸고, 제대로 된 직업도 가질 수 없었으며, 주거나 안주할 곳도 없었다. 차라리 재워 주고 밥도 주는 감방 안이 그립다고 할 정도로 출소 후 그들의 삶은 팍팍했다.

나 자신은 박정희 때 구속되어 전두환 치하에서 짧은 징역 생활을 했는데, 당시 비전향 장기수 특별사동에서 지내며 그들이 겪었던 긴 고통의 세월에 대해 많은 이야기를 들었던 터라 딴에는 그들을 웬만큼 안다고 자부해 왔던 터였다. 그런데 이

책을 읽으면서 내 아둔한 역사인식을 통절히 반성하게 되었다.

최근 미얀마나 우크라이나 사태로 고통받는 난민들을 돕자는 캠페인을 많이 본다. 그럴 때마다 나는 착잡해진다. 그들의 고통을 진심으로 동정하며 이해하면서도 정작 바로 우리 주변의 이 장기수 어른들을 돕기 위한 캠페인은 왜 일어나지 않는가 하는 안타까움에서다. 빨갱이라서일까? 그렇다면 빨갱이는 어느 나라 백성이며, 어느 민족이지? 우리 민족을 침탈했던 일본에 대해서조차도 지진을 비롯한 자연재해가 심하면 도와주자는 목소리가 요란하지 않았던가!

1차 송환에서 제외된 이들이 자신들도 북의 고향으로 보내달라고 요청한 지가 어언 20여 성상이 지났다. 그간 많은 분들이 애통하게 작고했고, 생존자들조차 고령으로 고향 땅에 묻히기를 바라는 심경이 통절하다. 이 책『송환, 끝나지 않은 이야기』에는 이들의 심정이 절절히 담겨 있다. 2년여 동안 장기수 선생 열한 명을 만나며 삶을 재구성한 민병래 작가의 진지한 노력이 없었다면 그들의 삶은 묻히고 말았을 것이다. 감히 말하건대 어떤 소설이나 실록에도 뒤지지 않는 감동을 불러일으킨다고 하겠다.

제발 우리 바로 옆의 동포들에게 잠깐만이라도 관심과 사랑을 쏟아 주시기를. 죽음 앞에 선 그들의 소원이 하루 속히 이뤄지기를 빈다.

국가 폭력과 0.75평의 '광장', 그리고 주체적 삶의 '틀'

— 정찬대 | 성공회대학교 민주자료관 연구위원

근대 이전의 사상통제는 종교적 신념을 억제하고 억압하는 방식이었다. 중세 종교재판의 경우처럼 국가권력이나 교회권력이 이단자를 박해하거나 탄압하며 개인의 신념과 행동을 규제했다. 근대 이후 사상통제는 개인의 정치적 신념과 행동을 제한하는 방식으로 방향이 바뀌었다. 전쟁이나 전체주의, 파시즘, 군사독재 등은 현대적 사상통제를 가중시킨 계기가 됐다.

특정 이데올로기는 개인이나 집단을 손쉽게 탄압하는 도구가 된다. 더욱이 이것이 정치적 신념으로 굳어질 경우 폭력에 당위성을 부여함으로써 더 큰 폭력성을 드러내게 된다. '고문 기술자' 이근안이 공안사범에 대한 고문을 애국이라고 여겼던 것처럼, 간수들은 자신들이 좌익수에게 가한 폭압적인 형태의 공작을 '애국 행위'로 인식했다. 그렇게 가해의 죄의식도 점차 무뎌져 갔다.

한국 사상전향 정책의 역사적 뿌리는 일제강점기까지 거슬러 올라간다. '전향轉向'이란 용어 자체도 일제 사법부가 만들어 낸 것으로 '개인의 사상을 당국이 바르다고 여기는 방향으로 바꾸는 것'을 의미한다. 여기에는 국가권력의 강제성이 동원된다. 때문에 전향은 물리적인 폭력과 더불어 이후 끊임없는 감시체제를 수반하게 된다. 사상전향 정책은 일제의 유산이지만 해방 후에도 청산되지 못한 채 이어져 왔다. '황국신민화'에서 '반공국민' 건설로 그 목적이 바뀐 채 개인의 양심과 사상을 철저히 유린했다.

사상전향 정책을 위한 일제의 대표적인 통제법은 1925년 4월 12일 법률 제46호로 제정·공포된 치안유지법이다. 1917년 러시아혁명 이후 학생과 지식인을 중심으로 사회주의 체제와 반제국주의 운동이 급속히 확산됐다. 이러한 분위기는 일본은 물론 식민지 조선도 마찬가지였다. 사회주의 사상은 일본 천황제를 거부하고, 사유재산을 부정하며, 식민체제를 반대했다. 더욱이 식민지 조선에서는 독립운동의 일환으로 사회주의를 받아들이기도 했다. 치안유지법은 이러한 사회 분위기 아래 반정부, 반체제 운동을 억누르기 위한 목적으로 만들어졌다. 또한 민족해방 운동을 지향한 사회주의 사상가나 식민지배에 저항한 독립운동가들을 탄압하는 용도로 활용됐다. 치안유지법의 최초 적용이 식민지 조선이었으며, 그것도 사회주의 운동인 '고려공산당창립준비위원회 사건'을 대상으로 했다는 사실은 여러 시사점을 준다.

치안유지법 위반으로 형을 선고받은 사상범은 전향의 대상이 됐다. 특히 1936년 11월에 시행된 사상범보호관찰법 등에 따라 전향자와 비전향자로 구분된 이들은 당국의 엄격한 관리와 통제를 받았다. 관련 법령은 그해 12월 식민지 조선에서도 적용됐다. 해당 법령에는 전향자를 경제적으로 지원하는 한편 비전향자를 추가 격리하는 등의 내용이 포함돼 있다. 특히 보호관찰 기간을 2년으로 하되 비전향할 시 2년을 더 할 수 있도록 했다. 이는 해방 후 한국 정부에 의해 제정된 사회안전법(1975.7.16.)과 1989년 대체법으로 제정된 보안관찰법(1989.6.16.)과 유사한 형태다. 일제는 제도적으로 전향을 강제하고, 그 결과 드러난 성과를 선전함으로써 식민지배 체제의 안녕과 질서를 확보했다. 아울러 적극적인 전향정책을 통해 배일사상排日思想을 가진 다수의 조선인들을 황국신민으로 포섭하고자 했다.

1945년 일제의 패망과 함께 법제도로서의 전향 정책도 사라졌다. 하지만 1948년 12월 1일 제정·공포된 국가보안법은 반체제범을 탄압하는 법적 무기가 됐다. 1948년 제주 4·3항쟁과 10월 여순항쟁이 있고 얼마 뒤인 1948년 12월 법무부차관 김갑수는 형무소 수용 능력이 1만 5000명인 데 반해 실제 수감된 인원은 4만 명이라고 밝혔다. 수감자의 80%는 좌익수였다. 또 국가보안법 제정 후 1949년 한 해 동안만 11만 8621명이 검거·투옥됐을 만큼 전국 형무소는 좌익수들로 가득 찼다. 정부는 전국 형무소 수용 한계를 넘어선 좌익수를 전향시킬 방법을 적극 모색했다. 그렇게 만들어진 단체가 1949년 6월에 출범한 '국민보도연맹國民保導聯盟'이었다. 1938년 7월과 1940년 12월에 각각 설립된 일제의 사상전향 단체인 '시국대응전선사상보국연맹時局對應全鮮思想報國聯盟'과 '대화숙大和塾'을 모체로 만들어졌다. 보도연맹 가입 인원만 전국에서 30만 명에 달했다. 그런데 이것이 전쟁 발발과 함께 '살생부 명단'이 되었다. 그것이 바로 국민보도연맹 사건이다. 해당 사건은 이른바 '예방 학살' 측면에서 이뤄진 집단 학살이었다.

한국전쟁이 한국 사회에 끼친 영향은 막대하다. 극우 반공주의 정책은 전쟁 이전부터 있었지만, 그것이 절대적인 힘을 갖게 된 것은 한국전쟁이 절대적이었다. 한국전쟁의 영향으로 대한민국은 초반공국가가 됐고, 이는 한국 정치의 전개 방향을 근본적으로 조건 지웠다.

한국전쟁 시기 빨치산을 비롯해 수많은 좌익 수형자들이 폭압적인 전향 공작의 대상이 됐다. 형무소에서 자행된 수많은 고문과 공작 등으로 한 개인의 인격은 철저히 말살됐다. 좌익 수형자에 대한 전향 정책은 1956년 10월 29일 '가석방심사 규정'(법무부령 제19호)이 제정되면서부터 다시 제도화됐다. 일본 제국주의 식민통치 도구였던 사상전향 제도가 한국전쟁 이후 부활한 셈이었다.

좌익 사상범에 대한 폭압적인 테러 행위는 박정희 정권에서 본격적으로 이뤄졌다. 1961년 5·16쿠데타로 정권을 획득한 박정희는 과거 자신의 좌익 이력 때문에 강한 '레드 콤플렉스'를 갖고 있었다. 더욱이 그는 남로당 동료를 밀고하고 전향한 과거도 있었다. 온갖 고문에도 전향을 거부한 좌익 장기수들은 박정희에게 열등감의 대상이자 아킬레스건 같은 존재였다. 비전향 장기수들이 교도소 내에서 상상을 초월한 국가 폭력의 대상이 된 데는 이러한 배경이 깔려 있었다.

1961년 12월 법률 제858호로 행형 제도가 정비되기 시작했다. 형무소는 교도소로 명칭이 변경됐고, 형무관도 교도관으로 개칭됐다. 행형 정비와 더불어 전국 각 형무소에 수용돼 있던 비전향 장기수들은 1961년 말까지 대전교도소로 집결했다. 대전교도소 내 특별사동은 지옥과도 같은 살인 감방이었다. 특별사동은 1930년대 사상범의 규제와 통제 강화를 위한 목적으로 일부 감옥에 만들어진 시설로, 해방 후에도 여전히 같은 목적으로 운영됐다. 특별사동의 감방은 0.75평의 비좁은 독방이어서 한 사람이 발을 펴고 편안히 누울 수조차 없었다. 당시 대전교도소에 집결한 좌익 수형자는 800여 명으로 추산된다. 이들에 대한 관리는 새로 창설된 중앙정보부가 담당했다.

대전교도소 특별사동에 수용돼 있던 좌익수들은 1968년 1월 21일 이른바 '김신조 사건'이 발생하면서 대전, 대구, 전주, 광주 등 전국 4개 교도소로 분산 수용됐다. 게릴라 기습 등 불의의 사태로 좌익수들의 탈취나 탈출 시도 등이 우려된다는 중앙정보부와 내무부 통보가 있은 뒤 이뤄진 조치였다.

1972년 10월 유신체제가 시작되고 이듬해인 1973년 8월 2일 법무부 예규 108조 '좌익 수형수 전향 공작 전담반 운영지침'이 시달됐다. '떡봉이'가 생긴 것도 이때였다. 떡봉이는 '사람을 떡 매질하듯 팬다' 하여 붙여진 이름이다. 폭력배 출신의 강력범으로 구성된 이들은 몽둥이를 들고 다니며 좌익수를 수시로 구타했다. 더욱이 이들에게는 전향서 한 장당 얼마만큼의 수고비까지 따랐다. 국가는 감형 등을 조건으로 강력범들에게 공작을 지시하기도 했다.

1970년대 초 전향 공작이 본격적으로 실시된 배경에는 독재 체제를 확고히 하려는 박정희 정권의 의도가 있었다. 당시 국내적으로는 유신 개헌 이후 박정희 정권에 대한 저항이 고조되고 있었고, 국제적으로는 냉전이 완화되는 데탕트 분위기 속에서 전개된 남북관계의 불확실성이 지속되고 있었다. 특히 1960년 장면 정부에서 20년형으로 감형된 이들이 1970년대 초

중반 출소를 앞두고 있는 상태였다. 결과적으로 박정희 정권은 공산주의에 대한 위기감을 고조시키면서 내부 균열을 외환으로 극복하려는 정책의 일환으로 살인적인 전향 공작을 실시한 것이었다.

박정희 정권 시절 전향 공작은 한 개인의 육신과 정신을 철저히 파괴하는 방식으로 나아갔다. 인간의 고립감을 극대화시켰고, 살아 나갈 수 있을 것이란 희망을 없앴다. 1975년 7월 16일 법률 제2769호로 사회안전법이 제정된 것도 그러한 의도에서였다. 결국 전향을 거부한 이들은 해당 법에 따라 교도소 밖으로 나갈 수 없었고, 혹여 석방된 이들도 전향심사를 거쳐 보안 감호 처분을 받도록 했다. 그리고 청주보안감호소 독방에 수감된 비전향수들은 2년 갱신, 2년 갱신을 반복하며 끊임없이 전향을 강요당했다. 독방에서 나올 수 있는 건 구타와 고문을 받을 때, 그리고 2년 뒤 전향심사 갱신을 받을 때였다.

강제전향 정책은 인간의 존엄성을 파괴하는 행위다. 또한 '양심'과 '사상'의 자유를 보장한 대한민국 헌법의 핵심 조항을 근본적으로 부정하는 것이다. 대한민국 헌법은 "모든 국민은 인간으로서의 존엄과 가치를 가지며, 행복을 추구할 권리를 가진다. 국가는 개인이 가지는 불가침의 기본적 인권을 확인하고 이를 보장할 의무를 진다"(제10조)고 규정하고 있다. 또한 "모든 국민은 양심의 자유를 가진다"(제19조)고 명시하고 있다. 헌법에서 규정한 '양심의 의무'는 윤리적 의미의 양심만이 아니라 사상의 자유까지 포괄하는 것으로 이해하는 게 헌법학계 통설이다.

비전향 장기수는 사상범이다. 또한 국가 폭력에 정면으로 맞선 양심수다. 온갖 고신 속에서도 그들은 스스로의 신념을 지켜 내고자 했다. 수십 년 복역 끝에 형집행정지 등으로 풀려났으나 그런 그들에게 사회는 또다시 감시의 시선을 보냈다. 아마도 죽는 날까지 그러한 감시는 계속될 것이다.

한국 정부는 오랫동안 '미未전향'이란 용어를 고집했다. 아직 전향하지 않았으나 앞으로 할 것이란 기대감이 내포된 단어다. 반면, 전향을 거부한 이들 입장에선 '비非전향'이란 용어를 써 왔다. 현재도 전향하지 않았고, 앞으로도 하지 않을 것이란 다짐이 담긴 용어다. 한국 정부는 '송환'을 부정한다. 1993년 3월 19일 북한으로 간 이인모 선생의 경우도 당국은 '장기 방북'을 허용했을 뿐 '송환'한 것이 아니었다. 이렇듯 용어에서도 정치적 이데올로기가 담겨 있다.

비전향 장기수로 19년을 복역한 서승 선생은 회고록에서 사상의 자유를 억압하기 위해 만들어진 특별사동이 비전향수들로 채워진 탓에 도리어 사상과 언론의 자유가 가장 넘치는 곳이 됐다고 역설적으로 지적한 바 있다.

비전향 장기수들은 좁은 독방에서 분리되고 격리됐다. 0.75

평 독방에 갇혀 폭압적인 형태의 고문을 받으며 전향을 강요당했다. 0.75평 공간은 극한의 싸움터였다. 또한 국가권력에 맞선 '광장'이었다. 그들에게 그곳은 주체적 삶이 내면화된 '틀'이었다. '절멸'의 폭력 앞에서 그들은 신념을 지켜 낸 양심수였다.

비전향 장기수 2차 송환,
시간이 없다

— 권오헌 | (사)정의·평화·인권을 위한 양심수후원회 명예회장

• 한국 사회에서만 존재했던 비전향 장기수

비전향 장기수란 오직 '한국' 사회에서만 존재했던 반인권, 반인륜, 반문명 피해자들이다. 이들은 국방경비법, 국가보안법, 반공법, 사회안전법(보안관찰법) 등 반인권·반통일 악법으로 구속되어, 수십 년간 징역을 살면서 잔혹한 고문 등 사상전향 공작에 맞서 통일된 조국에 대한 신념과 인간의 존엄성을 지켜낸 불굴의 인간 승리자이기도 하다.

이들의 존재는 깊은 장막에 감춰 있었다. 그 실상이 드러난 첫 번째 계기는 1988년 12월 21일에 이루어진 양심수 대사면이다. 비록 노태우 군부독재 정권 시기이지만 김대중 야당 대표의 절대적 영향력으로 남조선민족해방전선 준비위원회(남민

전 준비위) 관련자를 비롯한 이른바 시국사범이 대부분 사면·석방되었다. 물론 청주감호소에 감호 처분된 양심수와 대전, 대구, 광주, 전주, 안동 교도소에 갇혀 있던 260여 명 장기구금 양심수는 제외되었다. 그런데 이때 강제전향당했던 양원진, 김영식, 박희성 등 일부 장기수가 석방되었고 장기수와 함께 특별사동에 갇혀 있었던 남민전 관련자가 석방되면서 '비전향 장기수'의 존재가 알려지게 되었다.

두 번째 계기는 1989년 5월 29일의 사회안전법 폐기다. 사회안전법의 핵심 뼈대는 이른바 '감호 처분'. 좌익수가 사상전향을 하지 않고 만기 출소했을 때 그들을 '보호소'라는 감옥에 '감호 처분'이라는 이름으로 가두는 것이었다. 이미 복역을 마친 사람을 법관의 판단 없이 재수감시키는 반헌법 행위였다. 이 밖에도 공안 검사의 임의적 판단으로 일정 공간에서만 거주와 활동을 제한하는 '주거 제한'과 언제나 감시와 통제를 받으며 그 활동을 보고케 하는 '보안 관찰' 등이 사회안전법의 독소 조항이었다.

이 같은 악법이 언제까지나 존치될 수는 없었다. 법관의 판단이 아닌 행정부의 명령으로 처벌받는 것이기에 위법·위헌성이 있었고, 한 번 처벌받은 죄를 또다시 처벌할 수 없다는 일사부재리 원칙에 위배되었다. 무엇보다 사상·양심의 자유, 거주·이전의 자유 등 인간의 기본권을 침해하고 있었기 때문이다.

1987년 6월항쟁 이후 민주화 열기와 인권 감수성 변화 등 시민사회의 악법 철폐 목소리가 커졌다. 이 같은 사회 분위기 속에서 청주감호소에 갇혀 있던 서준식, 강종건 등 재일동포 유학생 간첩 조작사건 관련자들이 1988년 풀려나와 명동성당에서 사회안전법 폐기를 내걸고 농성을 벌였다. 마침내 1989년 5월 29일 사회안전법이 폐기되었고(대체입법으로 '보안관찰법'이 제정되었지만) 청주감호소에 남아 있던 비전향 장기수 35명 전원이 감호 처분에서 해제돼 바로 조건 없이 석방되었다. 이를 계기로 비전향 장기수의 실상이 고스란히 드러나게 되었다.

· 송환 운동의 시작

비전향 장기수 중 북으로 송환이 이루어진 것은 리인모 인민군 종군기자가 최초이다. 전쟁포로의 국제법상 권리로서 송환을 요구한 사람도 리인모가 처음이었다. 리인모는 조선인민군 제6사단 종군기자로 참전했는데, 본대와 함께 후퇴하지 못하고 퇴로가 차단되어 지리산에 입산했다. 그는 1952년 1월 대성골 전투 직후 체포되었다. 당시 리인모 종군기자는 거제포로수용소로 보내 달라고 했지만, 남측은 빨치산을 전쟁포로로 다루지 않았고, 리인모는 국가보안법과 이후에는 사회안전법으로 수십 년 옥고를 치렀다.

리인모는 1988년 10월 27일 청주감호소에서 풀려나 잠시 수도권에 머물다가 경남 김해 진영에 사는 독지가 김상원의 도움으로 감옥 후유증을 치료받고 있었다. 그러나 체포 당시 입었던 중상과 오랜 옥고의 후유증, 또 뇌출혈까지 겪어 늘 불편한 몸이었다. 1993년 2월 14일에는 의식불명으로 급히 부산대병원에 입원했고 흉막염증을 진단받았다. 이 소식이 알려지면서 사회 각계에서 그를 송환하라는 요구가 빗발쳤다. 같은 해 3월 9일에는 또다시 뇌출혈로 부산대병원 응급실에 들어갔다. 3월 11일 민가협 양심수후원회, 기독교교회협의회NCC, 재미한국청년연합, 민변, 고난함께, 불교인권위원회, 민자통, 여연 등의 단체 대표가 기독교선교원에 모여 '리인모 선생 송환추진위원회' 준비모임을 가졌다. 부산대병원에 있던 리인모 병세는 악화일로였다.

이즈음 정부(통일원장관 한완상)도 리인모의 송환을 결정하고 3월 17일 부산지역 안기부 대표, 통일원에서 파견 나온 정부 대표, 사회단체 대표로 나온 권오헌 양심수후원회 회장이 실무논의를 했다. 리인모에게 보내온 선물을 어떻게 할 것인지 등 우여곡절이 있었지만 일정과 방식이 합의되었다. 3월 19일 아침 5시 10분 리인모는 아침식사를 하고 5시 40분에 다시 건강검진을 받고 한복으로 갈아입었다. 수많은 보도진의 플래시가 터지는 가운데 병원을 떠난 리인모는 김해 공항에서 비행기를 탔고 판문점을 거쳐 평양에 도착했다. 역사적인 첫 송환이었다.

리인모의 송환을 계기로 비전향 장기수 송환 운동은 궤도에 오르게 된다.

· 2000년 9월 2일, 63명의 비전향 장기수 송환되다

비전향 장기수 송환 문제는 성격상 두 가지로 나눌 수 있다. 하나는 김인서, 함세환, 김영태처럼 전쟁포로의 국제법상 권리로 원적지 송환을 요구하는 경우다(이밖에도 유윤형, 이종환, 황용갑 등이 포로 대우에 관한 제네바협약 4조1항이 규정한 전쟁포로 범주에 속한다). 또 다른 유형은 국가보안법 등으로 장기구금되었다가 풀려난 이종, 류한욱, 우용각 등의 경우처럼 구속되기 전 거주지로의 송환 문제이다(대부분 이 유형에 속한다).

두 경우 모두 부당하게 장기구금되었다는 점, 잔혹한 고문 등 전향 공작을 당하면서도 정치적 신념을 지켜 왔다는 점, 오랜 옥고에서 풀려나 자유인이 되었지만 다시 보안관찰법의 규제를 받았다는 점, 고향과 가족이 그리고 구속되기 전 살았던 곳이 북쪽이라는 점, 자유의사로 귀향하고자 한다는 공통점이 있었다.

다시 말해 이들은 아무 조건 없이 자신들의 북녘 조국과 가족 품으로 송환되는 걸 요구했다. 또한 시대가 변하고 비전향 장기수의 존재가 국제사회에도 알려지면서 더 이상 그들을 가둬 놓는 건 불가능하게 됐다. 비전향 장기수는 1999년 12월 31일까지 대전, 대구, 광주, 전주 등에서 모두 석방되었다. 송환 운동이 시작되는 것은 필연이었다.

때맞춰 1999년 12월 민가협 양심수후원회, 천주교 장기수후원회, 불교 장기수후원회, 전국연합, 푸른영상 등 인권·종교 시민사회단체는 '비전향 장기수 송환 추진위원회'를 결성했다.

한편 김대중 대통령은 1999년 12월 16일, 민가협 등 인권, 종교, 법조 시민사회 단체 대표 150여 명을 청와대로 초대해 간담회 자리를 마련했다. 이 자리에서 권오헌 민가협 공동의장이 대표 발언을 통해 양심수 석방, 수배자 해제, 국가보안법 폐지, 의문사 진상 규명 등을 비롯한 시민사회의 요구사항을 전달했고 특히 '비전향 장기수 북녘 송환'을 비중 있게 요청했다. 당시 김대중 대통령은 그 자리에서 메모하며 경청했다.

이렇게 비전향 장기수 송환의 분위기는 무르익었다. 이런 분위기를 확산시키는 언론보도도 이어졌다. KBS, MBC, YTN, CBS 등 방송과 《한겨레》,《경향신문》,《동아일보》를 비롯한 많은 언론에서 비전향 장기수의 인터뷰를 수없이 내보냈다. 또한 국내외 단체들의 헌신적인 노력이 이어졌다. 마침내 2000년 6월 15일 역사적인 남북정상회담에서 김대중 대통령과 김정일 위원장은 인도적 차원에서 비전향 장기수의 송환을 합의했고

9월 2일 63명이 북을 향해 출발했다. 비전향 장기수 송환 운동의 첫 결실이었다.

· 비전향장기수 2차 송환 운동

그런데 1차 송환으로 모든 게 끝나지 않았다. 1989년 사회안전법이 폐기되며 풀려난 비전향장기수 102명 가운데 이학근처럼 생사 여부와 거주지를 알 수 없는 사람이 적지 않았다. 또 정순택·정순덕 노인처럼 고문에 의해 강제전향당한 것이지만, 그것도 전향한 것이라며 송환 대상에서 배제된 사람들이 다수 있었다. 2000년 11월 18일, 전주 고백교회에서 전북지역 종교인협의회 주관으로 '김영식 선생 양심선언 및 송환촉구 기자회견'이 열렸다. 이 자리에서 김영식은 "강제전향은 전향이 아니다!"고 외치며 강제전향 과정의 참혹한 진상을 폭로했다.

그리고 2001년 2월 6일, 서울 명동 가톨릭회관에서 '비전향 장기수 송환추진위원회'와 2차 송환 희망자들이 함께 '장기구금 양심수 전향취소 선언과 북녘 고향으로의 송환 촉구 기자회견'을 열었다. 이날 발표된 2차 송환 희망자는 1차 송환에서 신고 누락된 이들과 강제전향 무효선언을 한 이들 등을 포함해 모두 33명이었다. 회견이 끝나고 '2차 송환 희망자 명단'을 적십자사와 통일부에 전달하고 빠른 시일 안에 송환할 것을 촉구

했다.

그러나 당시 통일부는 세 가지 이유를 들어 2차 송환에 반대했다. ① 1차 송환으로 비전향 장기수 송환은 끝났으며, ② 2차 송환 희망자들은 전향자로 자격이 없고, ③ 꼭 송환해야 한다면 (북측에 있는) 납북자와 국군포로와 상호교환해야 한다는 것이었다. 통일부의 이 같은 주장은 당시 보수 야당의 반대와 납북자 가족들의 청원 등을 반영한 것이다.

이에 관련해 2차 송환추진위와 통일부 사이에 치열한 토론이 있었다.

먼저 자격 문제를 보면, 전향 제도는 그 자체가 사상·양심의 자유에 배치되는 반인권·반인륜 제도로, 그로 인한 사상전향을 자격 기준으로 삼을 수 없다. 법적으로도 당시는 사회안전법이 위헌성으로 폐지되었고(1989년), 사상전향 제도 자체가 폐기되었다(1998년). 대체 입법이었던 준법서약서마저 2003년에 폐기되었으니, 사상전향 자체가 무효화된 것이다.

또 국가기관인 대통령 직속 의문사진상규명위원회는 비전향 장기수의 의문사를 조사하면서 잔혹한 고문 등으로 강제전향 과정에서 죽은 것을 확인했다. 그러면서 이 희생자들은 잘못된 법과 제도에 항의하다 희생된 민주화운동 기여자이므로 국가는 이들의 명예회복과 피해보상에 나서야 한다고 조언했다.

이런 맥락에서 보면 자격 문제를 거론하는 것 자체가 모순이었다. 한편 유엔인권이사회도 사상전향이 중요한 인권 침해라며 이 제도가 국제인권규약에 위배된다고 78차 회의에서 결의했다(2003년 7월 15일). 이 같은 논리에 결국 통일부도 더 이상 자격 문제를 거론하지 않았으며 2005년경부터는 '2차 송환 희망자'를 '비전향 장기수 2차 송환 희망자'로 정식 명명했다.

두 번째로 상호주의의 문제인데 이는 한마디로 남쪽의 비전향 장기수와 북쪽의 납북자·국군포로들을 맞교환해야 한다는 주장이었다. 이는 남쪽의 보수진영 주장을 대변한 것이었다. 이 문제 또한 해결의 실마리가 생겼다. 비전향 장기수 송환은 6·15 남북공동선언의 합의사항이니 이는 이것대로 실행하고, 납북자·국군포로는 '전쟁 시기 및 그 이후 소식을 알 수 없게 된 사람들에 대한 생사확인 문제'로 바라봐 이산가족상봉 차원에서 다루자는 것이었다. 실제 2006년 2월 23일의 제6차 적십자회담에선 이를 이산가족 문제에 포함하기로 하고 그 뒤 이산가족상봉사업에서 여러 차례 만남이 이루어졌다.

통일부에서 더 이상 자격 문제를 거론하지 않고 납북자·국군포로 문제가 이산가족상봉 차원에서 다뤄지기로 함에 따라 2차 송환의 걸림돌은 다 사라졌다. 2004년 정동영이 통일부장관이 되면서 2005년 하반기 한때 비전향 장기수 2차 송환이 이뤄질 것 같은 분위기가 만들어졌다. 당사자들에게 송환 의사를 묻는 등 정부 차원의 실무작업이 진행되는 듯했다. 정동영 통일부장관은 비전향 장기수 북송 가능성을 묻는 여야 의원들에게 '인도주의적', '인권' 차원에서 검토할 용의가 있다며 "상호주의원칙을 굳이 적용하지 않겠다"고 답변했다. 또 같은 해 9월 30일 2차 송환 희망자인 정순택이 세상을 떠나자 비록 생전에는 이뤄지지 못했지만 '유해 송환'이란 명목으로 북녘 가족에 유해를 인도했다. 여기서 당국이 '송환'이란 이름을 쓴 것은 특별한 의미를 갖는다. 리인모 송환 때나 2000년의 1차 송환에서도 당국은 이를 송환이 아니라 '장기 북한 방문'이란 형식으로 처리했다. 그래서 당시 2차 송환이 임박했다며 많은 언론이 송환추진위에 줄지어 인터뷰 요청을 하기도 했다.

그러나 2005년 말부터 2차 송환 분위기는 다시 얼어붙었다. 맥아더 동상 철거투쟁에 대한 보수세력의 고소·고발 사태, 강정구 교수의 '통일내전론'을 둘러싼 이념대립, 일부 극우세력의 비전향 장기수 묘소 훼손 등으로 정세가 요동치면서 2차 송환 분위기는 급격하게 시들었다. 그 후 정권이 바뀌면서 이명박-박근혜 정부 9년 동안 송환 이야기는 쑥 들어가게 된다.

문재인 정부 들어 판문점정상회담과 이어진 평양정상회담으로 남북관계가 진전되면서 2차 송환이 어렵지 않게 추진될 것으로 전망되었다. 그런데 하노이에서 북미회담이 결렬되면서 남북관계 또한 급격히 냉각되었다. 이후 이인영 통일부장관은 (사)정의·평화·인권을 위한 양심수후원회 대표(권오헌 명예회장, 김호현 이사장, 김혜순 회장)와 비공식 면담한 자리에서 비전향 장기수 2차 송환에 대해 분명한 의지를 밝히면서 남북 사이 대화만 재개된다면 우선적으로 송환할 것이란 확고한 입장을 밝혔다. 그런데 윤석열 정부가 들어서면서 2차 송환은 다시금 미궁에 빠지고 말았다.

최초 희망자 33명에서 추가 13명까지, 모두 46명의 비전향 장기수가 조국과 가족 품으로 돌아가길 희망했다. 하지만 하나둘 세상을 떠나고 지난 7월 25일 김일성종합대학 역사학부 출신으로 여성 빨치산인 이두화 노인이 숨을 거두면서 이제는 9명만 남아 있게 되었다. 윤석열 정부는 '담대한 구상'이라는 수식어를 내세우기보다 이들이 살아 있을 때 조국과 가족 품으로 돌려보는 일부터 시급히 실행해야 할 것이다. 이들에겐 시간이 없다.

★ 권오헌 양심수후원회 명예회장이 보내온 글의 원문은 더 길지만, 책에서는 지면 관계상 협의를 통해 축약했다. 글의 전문은 《통일뉴스》(www.tongilnews.com) 2022년 8월 21일자 권오헌 특별기고문에서 볼 수 있다.